KB251209

중도지체장애인의 종교적 특성과 심리적 적응

기독교인을 중심으로

중도지체장애인의 종교적 특성과 심리적 적응

기독교인을 중심으로

석 말 숙

한국학술정보㈜

서 문

　"전인치유"란 말이 있다. 완전한 치유는 몸뿐만 아니라, 마음가짐까지 포함한다는 말로서, 치유에 있어서 마음의 중요성을 강조한다. 이를 장애에 적용시켜 본다면, 몸의 장애뿐만 아니라 마음의 장애 또한 중요하다는 것을 말해 준다.

　복잡한 현대사회에서 중도장애인들의 출현은 증가하고 있다. 이들은 선천적인 장애인들과는 달리 장애인이 되기 전까지 비장애인으로서의 생활을 영위하였기 때문에 자신의 장애를 수용하거나 극복하는 데 심한 스트레스와 우울증 등의 심리적 어려움을 겪게 된다. 인생의 중간에 사고나 질병의 직접적인 결과인 신체기능의 상실과 이에 대한 적응이라는 문제가 대두된 가운데, 중도장애인들은 신체기능이 이전과 달라진 신체적 외관에 대한 부정적인 감정의 처리 및 장애의 수용, 스트레스, 우울 등과 관련한 각종 심리적인 문제들, 갑작스런 상황의 변화로 인하여 야기되는 사회적 부적응, 취업기회의 상실 및 사회관계의 위축 등과 같은 문제들로 심리적 적응에 큰 어려움을 겪고 있다.

　적응이란 장애인이 지역사회에서 정상적인 삶의 리듬을 갖고 살아가는 사회통합이 이루어질 때 가능하게 될 것이다. 그런데 사회통합은 심리적 과정이며 대부분의 장애인은 기술적인 보조 장치들은 물론 심리적인 도움을 필요로 하고 있다. 그런데 우리의 현실은 이들의 심리적 적응의 중요성에 대한 인식이 부족하거나 아예 간과하고 있다고 해도 과언이 아니다. 사회복지서비스기관에서 실시하고 있는 심리재활을 위한 대인 서비스 프로그램은 장애아동, 청소년, 정신지체인 등 선천성장애인들을 주요 대상으로 하고 있어 성인중도장애인을 위한 프로그램은 거의 찾아보기 힘들다. 뿐만 아니라 중도장애인의 심리적 적응은 그 중요성에도 불구하고 심리적 적응을 돕는 서비스의 도입을 위한 기초적 연구도 부족한 실정이다.

신체적 장애의 발생은 장애 당사자의 심리적인 문제와 더불어 모든 가족에게 영향을 미치며 특히 배우자와의 관계를 변화시키고 결혼생활의 미래를 불안하게 한다. 즉 부부 중 한 사람이 장애를 입게 되면 부부는 새롭게 적응해야 하며 그러한 과정에서 직면하는 여러 가지 문제들로 인하여 부부는 심리 내적인 변화를 겪게 되고 부부갈등을 경험하게 된다.

그런데 이와 같이 강한 스트레스를 유발하는 부정적인 생활사건을 겪은 후에 느끼는 고통의 정도는 개인의 상황적 요소에 따라 다르게 나타난다. 따라서 갑작스런 장애 발생이라는 동일한 사건을 겪은 자들이 느끼는 고통을 줄이는 데 있어서 스트레스를 완충해 줄 수 있는 기제들의 영향력에 대해 생각해 볼 수 있으며, 대표적으로 개인의 인성이나 특수성, 보유하고 있는 대응능력이나 사회적 지원(social support)으로부터의 도움 등을 들 수 있다.

이런 의미에서 종교적 힘을 통한 장애의 극복은 매우 큰 의미를 지닌다. 종교는 인간에 대한 궁극적 의미를 묻는다. 삶의 중도에 장애를 입었을 때, 마음의 장애의 극복에 가장 큰 지지는 종교적 가치 추구에서 온다. 이 명제는 대부분의 종교 연구가들이 주장하는 바이며, 대부분의 일반인들도 막연하게나마 동의하는 부분이라고 볼 수 있다. 필자가 졸저에서 시도한 작업은 종교적 힘이 중도장애인의 심리적 극복에 도움이 될 것이라는 다소 막연한 전제에 대한 실증적 검증 작업이다. 본 연구의 대상은 기독교인으로 제한된 점이 있지만, 그 근본 논리는 어느 종교에 적용되어도 큰 차이점을 지니지 않을 것이라 본다. 한편 중도장애인의 심리적 극복을 위한 구체적 프로그램의 제공은 앞으로 더 연구해야 할 부분이라고 본다.

이 책은 필자의 이화여자대학교 박사학위논문 "중도지체장애인의 종교적 특성이 심리적 적응에 미치는 영향"을 개정한 것이다. 지금까지 학문의 길로 이끌어 주시고 격려해 주신 것뿐만 아니라 본 주제를 지도해 주신 김성이 교수님과 좋은 글이 되도록 충고를 아끼지 아니하신 강철희, 노충래, 현경자, 이성규 교수님께 깊은 감사를 전한다. 또한 나사렛대학교의 임승안 총장님을 비롯한 동료 교수님들과 기쁨을 나누고 싶다. 오늘에 이르기까지 기도와 사랑으로 나의 울타리가 되어준 남편 유윤종 박사와 딸 한아에게도 감사를 전한다. 이 책의 출판을 허락해 준 한국학술정보㈜에도 깊은 감사를 표한다. 이 작은 결실이 장애로 고통받는 이 땅의 많은 사람들에게 큰 도움이 되기를 소망하여 지금까지 캄캄한 언덕길을 지날 때에도 내 삶을 지켜주시며 이끌어 주신 하나님께 이 작은 영광을 드린다.

제 1 장 서   론

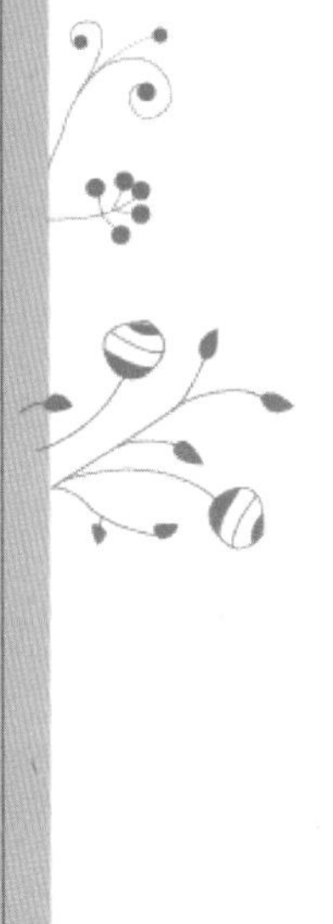

Ⅰ. 문제제기

복잡한 현대사회에서 중도장애인들의 출현은 증가[1]하고 있는데, 이들 중도장애인들은 선천적인 장애인들과는 달리 장애인이 되기 전까지 비장애인으로서의 생활을 영위하였기 때문에 자신의 장애를 수용하는 데 있어서 혹은 그 장애를 극복하는 면에서 심한 스트레스와 우울증 등의 심리적 어려움을 겪게 될 것이다. 인생의 중간에 사고나 질병의 직접적인 결과인 신체기능의 상실과 이에 대한 적응이라는 문제가 대두된 가운데, 중도장애인들은 신체기능이 이전과 달라진 신체적 외관에 대한 부정적인 감정의 처리 및 장애의 수용, 스트레스, 우울 등과 관련한 각종 심리적인 문제들, 갑작스런 상황의 변화로 인하여 야기되는 사회적 부적응, 취업기회의 상실 및 사회관계의 위축 등과 같은 문제들로 이들의 심리적 적응에 큰 어려움을 겪고 있다(이경희, 1996).

적응이란 장애인이 지역사회에서 정상적인 삶의 리듬을 갖고 살아

---

1) 장애인 실태조사 결과를 살펴보면, 전국의 장애인은 1,449,500명으로 1995년의 1,053,500명에 비해 396,000명이 증가한 것으로 추정된다(한국보건사회연구원, 2001). 장애인 출현율(인구 100명당 장애인수)은 3.09%로서 1995년의 2.35%에 비해서는 0.74% 증가하였다. 특히, 재가장애인들은 예방이 가능한 각종 질환 및 사고 등 후천적인 원인(89.4%)으로 인한 장애인들이 대부분이었다. 특히 지체장애에 있어서는 후천적 원인이 95.7%로 대부분을 차지하고 있고, 선천적이거나 출생 시 원인은 극히 미미한 수준이다. 즉 산업화의 진전에 따라 야기되는 각종 사고와 질병 그리고 인구고령화 등에 따라 장애인들의 수는 증가하고 있고, 이러한 증가추세는 앞으로도 지속될 전망이다.

가는 사회통합이 이루어질 때 가능하게 될 것이다. 그런데 사회통합은 심리적 과정이며 대부분의 장애인은 기술적인 보조 장치들은 물론 심리적인 도움을 필요로 하고 있다는 점을 강조하지 않을 수 없다(David, 1976)고 하였다. 즉 중도장애인들은 장애를 자신의 특성으로 받아들이는 데 따른 심리적인 문제가 커서 중도장애인의 적응은 선천성장애인이나 조기 중도장애인과는 다른 접근이 요구된다.

즉 중도장애인들에게 있어서의 심리적 적응은 매우 중요한 문제이다. 신체기능이 회복된 후에도 신체적 조건이나 연령과 관계없이 편마비 환자의 약1 / 3에서 사회적 적응장애가 있는 원인은 심리적 요인 때문인 것으로 나타났다(홍윤미, 1993). 심리적인 측면에서 재활의 근본적인 동기가 부여될 때, 사회적응을 위한 도움을 통하여 중도장애인들은 장애를 극복하며 사회로 나올 수 있게 된다. 비록 의료적, 직업적 문제가 해결되었다고 하더라도 자신의 심리적 문제가 해결되지 않으면 재활의 성과를 기대하기는 어렵다. 특히 중도장애인들에게 있어서 심리적 적응 부분은 장애가 생기기 이전의 삶과 연계하여 새로운 삶을 살 수 있는 계기가 된다. 그런데 우리의 현실은 이들의 심리적 적응의 중요성에 대한 인식이 부족하거나 아예 심리적 적응을 산과하고 있다고 해도 과언이 아니다. 사회복지서비스기관에서 실시하고 있는 심리재활을 위한 대인 서비스 프로그램은 장애아동, 청소년, 정신지체인 등 선천성장애인들을 주요 대상으로 하고 있어 성인중도장애인을 위한 프로그램은 거의 찾아보기 힘들다. 뿐만 아니라 중도장애인의 심리적 적응은 그 중요성에도 불구하고 심리적 적응을 돕는 서비스의 도입을 위한 기초적 연구도 부족한 실정이다.

신체적 장애의 발생은 장애 당사자의 심리적인 문제와 더불어 모든 가족에게 영향을 미치며 특히 배우자와의 관계를 변화시키고 결혼생활의 미래를 불안하게 한다. 즉 부부 중 한 사람이 장애를 입게 되면 부부는 새롭게 적응해야 하며 그러한 과정에서 직면하는 여러 가지 문제들로 인하여 심리 내적인 변화를 겪게 되고 부부갈등을 경험하게 된다. 선행연구들에서는 척수손상 이전에 결혼한 부부들의 이혼율이 척수손상 이후 결혼한 부부보다 더 높고, 결혼에 대한 만족도가 더 낮아진다고 보고하였다(Crewe, Athelstan, & Krumberger, 1979 & 1988). 이러한 연구결과를 볼 때, 부부생활을 영위하다가 장애를 입게 된 경우에는 부부관계에서 새롭게 적응해야 하는 많은 어려움이 있음을 알 수 있다. 따라서 사회복지사는 가족구조의 하위체계인 중도장애인의 부부체계에 관심을 갖고 그 체계의 강화를 통해서 중도장애인과 그 배우자가 부부관계에서 만족감을 얻고 재활의욕을 고취할 수 있도록 하여야 한다. 중도지체장애인의 배우자적응 요인에 관한 본 연구의 결과는 중도지체장애인의 부부관계 개선과 재적응을 위한 개입의 이론적 근거와 기초 자료를 제시해 줄 수 있을 것이다.

그런데 이와 같이 강한 스트레스를 유발하는 부정적인 생활사건을 겪은 후에 느끼는 고통의 정도는 개인의 상황적 요소에 따라 다르게 나타날 것이다. 따라서 갑작스런 장애 발생이라는 동일한 사건을 겪은 자들이 느끼는 고통을 줄이는 데 있어서 스트레스를 완충해 줄 수 있는 기제들의 영향력에 대해 생각해 볼 수 있다. 대표적으로 개인의 인성이나 특수성, 보유하고 있는 대응능력이나 사회적 지원(social support)으로부터의 도움 등을 들 수 있다. 여기서는 장애를 가진 신체적 조건과 상호 작용을 하는 상황적 요소로서 '종교'의 영향력에 대하여 살펴보면, 많은 종교관련 이론가들은 종교가 인간에게 긍정적인 힘을 부여해 준다고 본다. 즉, 삶을 가치 있게 만들고 위안을 주며 고통을 덜어준다고 보고 있다. 또한 희망과 의미를 제공해 주고, 어떠한 심각한 문제에 직면했을 경우에 대처해 나갈 수 있게 도와준다고 본다. 심지어 종교에 대해 부정적 관점에 있는 이론가들[2]조차도 종교가 '위안'을 제공한다는 견해에는 일치하고 있다(Ebaugh et al., 1984).

한국사회에서 종교가 심리적으로 어떤 기능을 하는지 알아보기 위한 한국갤럽조사연구소(1990)의 연구결과를 보면, 한국의 상황에서 종교는 심리적 안정과 복지감을 마련해 주는 심리적 기능을 실제로 수행하고 있으며, 개신교의 경우 그러한 기능이 매우 강한 것으로 나타났다. 이러한 결과는 종교의 기능은 종교에 대한 참여(participation), 개입(involvement), 헌신(commitment)의 정도와 관계가 있기 때문일 것이다. 다시 말하면 명목상으로만 종교를 가지고 있는 것과 깊이 관계하여 영향을 받는 경우는 결과에 있어서 차이가 있는 것이다.

따라서 본 연구는 임상장면에서 종교적인 고려의 중요성이 제기되고 있는바, 인생의 중도에 갑작스런 '장애'를 경험한 자들을 대상으로, 종교(기독교로 제한하여)가 장애 발생 이후에 변화한 심리적 적응에 미치는 영향력을 살펴보고자 한다. 그리고 그러한 영향이 단지 종교를 갖는 것 자체에 기인된 것이 아니라, 개인이 가지고 있는 종교성과 종교적 동기 등과 관련이 있는지를 살펴보고자 한다. 즉 중도장애인의 신체적 변화로 인한 활동 및 참여 제한을 최소화하여 보다 긍정적인 기능을 하도록 하는 요인이 무엇인가를 밝혀보고자 하는 것이다. 결국 장애인의 종교적 특성이 어떻게 심리적 적응과 연관되는지를 고찰함으로써 우리나라의 장애인복지실천을 위한 종교의 기능과 역할정립에 관한 방향제시와 실천적 토대를 위한 기초 자료를 제공해 줄 수 있을 것이다.

---

2) Freud(1964)는 종교에 대해 부정적인 입장을 보이고 있는데, 그는 종교가 개인의 내부에서 발전을 막으며 심리학적으로 불안한 사람들에게 '위안'을 제공하는 환상(illusion)이라고 본다.

Ⅱ. 연구의 목적

　본 연구는 중도지체장애인의 심리적 적응을 돕기 위한 정책적, 임상적 개입방안을 모색하는 연구로서, 중도지체장애인의 종교적 특성이 심리적 적응에 어떠한 영향력이 있는지를 살펴보고자 하는 데 연구의 목적이 있다. 이를 위해 본 연구는 중도지체장애인의 심리적 적응에 영향을 미치고 있는 종교의 여러 측면들을 반영하기 위해 종교성과 종교적 동기에 따른 영향력의 정도를 자세히 살펴볼 것이다. 또한 중도지체장애인의 심리적 적응과 종교적 특성 등에 영향을 미칠 수 있는 인구사회학적 특성과 장애관련 특성 등을 살펴볼 것이다. 이러한 과정을 통해 중도지체장애인의 심리적 적응을 위한 사회사업적 접근을 함에 있어서 기초 자료를 제공할 수 있으며 특히 장애인복지실천을 위해 종교가 가지는 함축적인 의미와 임상적 개입에 기여할 수 있는 바를 탐색하고자 한다. 나아가 일반 성인장애인의 심리적 적응을 증진시키는 데 확대·적용할 수 있다는 데 의의를 가질 수 있다. 이러한 목적을 달성하기 위하여 본 연구는 다음과 같은 연구질문을 갖는다.

[연구질문 1] 중도지체장애인의 종교적 특성(종교성과 종교적 동기)은 중도지체장애인의 장애수용 정도에 어떠한 영향을 미치는가?

[연구질문 2] 중도지체장애인의 종교적 특성(종교성과 종교적 동기)은 중도지체장애인의 배우자적응에 어떠한 영향을 미치는가?

[연구질문 3] 중도지체장애인의 종교적 특성(종교성과 종교적 동기)
은 중도지체장애인의 정신건강(스트레스와 우울)에 어
떠한 영향을 미치는가?

Ⅲ. 연구의 의의 및 제한점

1. 연구의 의의

본 연구는 중도지체장애인의 심리적 적응에 영향을 미치는 종교적
특성을 체계적으로 살펴봄으로써 다음과 같은 두 가지 측면에서 연
구의 의의를 갖는다.

첫째, 스트레스나 우울증과 같은 부정적인 심리적 반응 상태를 완
충해 주는 중재자원으로서 알려진 대표적 자원들로는 사회적 지원,
자아존중감과 같은 대응능력(coping ability), 개인의 인성(personality)
등이 있으며, 이에 관련한 연구들은 주로 개인이나 소규모의 사회적
연결망들에 국한된 경우가 대부분이다(장세진, 1996). 그러나 최근에
는 특수화된 사회조직을 사회적 지원으로 보는 다차원적 입장이 호
응을 받고 있으며, 따라서 종교, 자발적 결사체, 의료체계 등과 같이
상대적으로 규모가 큰 사회적 연결망들이 부여하는 지원 및 그 영향
들에 관심이 모아지고 있다.[3] 이에 본 연구는 갑작스런 장애 발생으

---

3) 사회적 지원의 효과는 건강에 미치는 스트레스의 부정적인 영향을 감소시켜준다는
   완충(완화)효과(the buffering effect)와 스트레스를 일으키는 사건이 없어도 사
   회적 지원이 개인의 건강 그 자체에 영향을 줄 수 있다는 주효과(main effect)가
   있는데 본 연구는 갑작스런 장애 발생이 전제되는 경우이므로 사회적 지원의 완충

로 인하여 겪게 되는 심리적인 어려움의 극복과 변화를 부부관계에 새롭게 재적응해야 하는 스트레스 상황에서 중도지체장애인의 종교적 특성의 각 측면에 따라 심리적·인지적으로 어떠한 영향을 받고 있는지 살펴봄으로써, 종교조직의 지원적 역할을 보다 명확히 하는 데 기여할 수 있을 것이다.

둘째, 장애인 특히 중도장애인의 심리적 재활을 위한 지원체계로서의 종교가 가지는 효과를 살펴본 연구는 거의 없는 실정이며, 더구나 기존의 사회복지 분야의 연구에서 종교는 하나의 사회인구학적 변인 혹은 공변인(correlates) 정도로만 간주되어 왔다(Johnstone, 1992). 그리고 종교성의 채택에 있어서도 종교의 유무나 단순한 참여 빈도만을 독립변인 혹은 통제변인으로 사용하였던 점을 보완하여 본 연구는 종교적 특성의 여러 측면들을 고려한 보다 체계적인 연구수행에 기여할 수 있을 것이라는 의의를 지닌다.

셋째, 중도지체장애인의 재활을 위한 체계적인 논의 및 임상적 개입이 부족한 현 상황에서 중도지체장애인의 심리적 적응을 위한 서비스의 도입을 위한 기초연구로서 심리적 적응에 영향을 미치는 요인을 분석하여 중도지체장애인을 위한 사회사업적 개입에 있어서 사회복지사에게 필요한 실천적 지침과 효과적인 임상개입에 대한 정보를 제공해 줄 수 있다는 데 의의를 지닌다.

넷째, 본 연구는 중도지체장애인의 심리적 적응에 영향을 미치는 상황적 요인을 밝힘으로써 신체의 기능적, 구조적 통합성과 활동 및 참여의 기능수준을 향상시켜 신체적 변화로 인한 능력장애가 유발되지 않도록 하는 예방 프로그램의 실천적 토대를 마련하는 데 큰 의의가 있다고 본다.

마지막으로, 본 연구는 중도지체장애인의 종교적 특성이 배우자적

효과와 관련된 것이다.

응에 어떻게 영향을 미치는지를 살펴봄으로써 중도지체장애인의 가족해체 방지를 포함한 장애인복지실천을 위한 종교의 역할과 기능에 관한 논의의 기초를 제공할 수 있다.

2. 연구의 제한점

본 연구는 다음과 같은 제한점을 가진다.

첫째, 일부 지역에의 국한과 표집 대상의 제한으로 본 연구의 대상은 표본 추출의 용이성으로 미루어 서울과 경기지역으로 한정시키고 장애인관련단체, 재활병원과 장애인복지관을 이용하고 있는 중도지체장애인을 대상으로 하였다. 그러나 연구대상 선정에 있어 전수조사가 아닌 기관 전문가에 의한 유의적인 표집이므로 표본의 대표성에 문제가 있다. 또한 충분한 대상자의 확보가 어려웠던 점으로 미루어 볼 때 본 연구의 결과가 반드시 일반화될 수 있다고 단정짓기는 곤란하다.

둘째, 본 연구가 중도지체장애인의 배우자적응을 중요한 변수로 보고 있으나 중노상애인의 지각에 의존하는 평정방법을 사용하므로 부부 상호간의 역동측정에 제한점이 있다.

셋째, 본 연구에서는 대상자의 종교를 기독교계(개신교와 가톨릭)로 한정하고 종교적 차이에 따른 영향력을 비교하지는 않았으므로, 후속연구에서는 모든 종교를 포함하여 대상자의 종교상의 차이에 따른 여러 면들을 고려할 필요가 있을 것이다.

제 2 장 이론적 배경

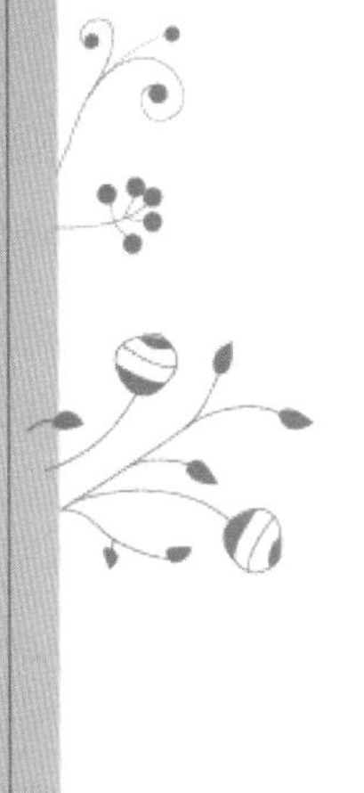

본 장에서는 먼저 연구대상자의 특성을 이해하기 위하여 장애의 개념, 중도장애인의 개념과 심리적 반응 등을 살펴보았다. 그리고 중도장애인의 심리적 적응에 영향을 미치는 종교적 특성을 살펴보고, 중도장애인의 심리적 적응과 치료를 위한 이론과 선행연구들을 고찰하였다.

Ⅰ. 중도장애인

1. 장애의 개념

장애라는 용어는 매우 광범위하고 모호한 개념들을 포함하고 있다고 할 수 있는데 1980년 세계보건기구에서 내린 공식적인 정의에 의하면 장애(disability)는 의학적 손상(impairment)의 직접적인 결과로써 발생하는 것을 의미하며, 손상된 능력이 장애를 구성한다고 하였다(Chubon & Bowe, 1994 재인용 김용득, 2002). 한편, 우리나라 장애인복지법에서는 '장애인은 신체적·정신적 장애로 인하여 장기간에 걸쳐 일상생활 또는 사회생활에 상당한 제약을 받는 자'로 정의하고 있다.

이러한 장애의 개념은 수정·보완되면서 의료적이고 개별적인 접근에서 사회·환경적 접근을 강조하는 방향으로 변화하고 있으며 이러한 접근은 장애인이 사회의 다른 구성원과 별다른 차이가 없다는 신념에 기초하고 있다(김용득, 2002). 즉 대부분의 장애인들이 갖게 되는 능력이란 그들에게 직접적으로 혹은 주 보호 제공자에게 그들이 필요로 하는 지원들이 얼마나 제공되느냐에 달려 있다는 것이다(김용득, 2002). 따라서 장애인에 대한 원조는 단순한 물질적 제공이라는 자선의 형태로 이루어져서는 안 될 것이다.

장애의 개념을 치료모델 혹은 개인중심의 모델이라고 할 수 있는 개별적 모델과 사회환경의 문제를 중요하게 인식하는 환경중심의 사회적 모델로 구분하여 살펴보고자 한다.

먼저, 개별적 모델에서는 장애를 철저하게 장애를 가진 개인의 문제로 파악하여 장애는 질병, 사고 등의 원인으로 오랜 기간 생활의 불편을 겪는 본인의 문제라는 것이다(이성규, 2000). 따라서 장애인의 정상적인 사회생활의 붕괴원인은 먼저 장애인 개인이 가지고 있는 개인적 장애(신체장애＋의식장애)에서 찾아야 하며 장애인의 사회통합이 어려운 첫째 이유는 능력이 없어서가 아니라 개인이 가지고 있는 장애를 이유로 능력을 발휘할 수 없기 때문이라고 본다. 의식장애린 1차장애인 신체장애가 원인이 되어 2자적으로 발생하는 장애이다. 1차장애인 신체장애가 발생하면 필연적으로 의식장애가 발생하는 것은 아니다. 신체장애가 발생할 경우 신체적, 심리적, 사회관계적인 제한은 정도의 차이는 있으나 모든 장애인이 끊임없이 직면하는 현실이다. 따라서 의식장애는 신체의 물리적 부분의 장애와 달리 인간의식 내면적인 문제로서 변화 가능한 가변적 장애임이 특징이다. 특히 중도장애인 개인의 정상적인 사회생활 능력이 붕괴되는 첫째 원인은 장애인 자신이 가지고 있는 신체장애와 의식장애로 분석된다(권도용, 1995)고 하였다.

이러한 두 개의 개인적 장애가 통합되어서 주체적 행동을 할 수 없는 상태를 능력장애라고 한다. 즉 능력장애는 신체장애와 의식장애가 통합되어 형성된 3차장애로 개인적 장애의 통합적 총체이다. 능력장애는 인간에게 정상적인 것으로 간주되는 범위 내에서 또는 그러한 방식으로써 활동을 수행하는 능력의 제약이나 결여를 뜻하며 이러한 결핍은 일시적 또는 영구적일 수 있고, 회복 가능하거나 회복 불가능할 수도 있으며, 진행적이거나 퇴행적일 수도 있다. 이러한 능력장애는 개인적 반응으로서 일어날 수 있다. 만일 신체장애를 가진 사람이라 할지라도 의식장애가 발생하지 않으면 능력장애는 발생하지 않고 신체장애(1차장애)에서 끝난다. 즉 신체장애를 가지고 있다 할지라도 신체의 단순동작 기능이 완전히 상실되지 않기 때문에 주체의식을 가지고 있는 한 사회생활을 할 수 있는 능력을 가질 수 있는 것이다. 실제적으로 신체장애인 중에는 주체적으로 건강한 사회생활을 하는 사람들이 적지 않은데 이런 사람들은 신체장애 이외의 장애가 없음을 실증하는 것이다. 또한 신체장애의 경중에 관계없이 사회생활을 성공적으로 하는 사람이 적지 않은 것은 신체장애가 곧 능력장애가 아님을 실증하고 있는 것이다. 그러나 신체장애가 발생한 이후에 의식장애가 발생하면 인간은 유기체이기 때문에 이들 두 장애는 통합될 수밖에 없으며, 두 장애가 통합되어 주체적인 행동을 할 수 없는 상태가 능력장애이다. 다시 말하면 심리적인 갈등과 문제가 재활의지를 방해할 경우, 개인의 신체적 기능을 극대화하는 노력은 무의미한 것이다. 즉 장애를 가진 개인의 심리적인 상실이 장애'문제'의 원인이 됨을 강조하고 있다. 이러한 관점은 장애의 개인적 비극이론을 구성하는 것으로서 장애는 불행한 개인에게 발생하는 끔찍한 사건이라는 것이다(Oliver, 1996 재인용 김용득, 2002). 재활은 장애인 개인이 가지고 있는 장애에 대처함으로써 정상적인 사회생활이 가능한 능력(전인적 능력)을 개발하는 과정이 되어야 한다. 이 모델에서의 문제해결은 장애인 개인이 의학적인 치료를 개인적으로 받음으로써 신체적인 손상을 완화 또는 제거하는 과정으로 인식하며 재활계획은 주로 의사, 사회복지사, 심리치료사, 언어치료사, 직업재활전문가 등의 지식이나 견해에 의하여 이루어진다(이성규, 2000). 장애인이 사회에 정상적으로 적응하지 못하는 것은 장애인의 신체적 능력이나 심리상태가 그 사회의 주류를 이루는 총체적 환경과 비교하여 물리적·심리적 격차가 발생하기 때문이다. 장애는 개인의 심리사회적인 능력에 영향을 미칠 뿐만 아니라 사회가 구성원들에게 요구하는 책임과 사회적 역할을 장애인들에게는 면제받도록 하여 장기적으로 장애인들에 대한 편견을 불러일으키게 한다는 것이다(Parsons, 1951 재인용 이성규, 2000). 이상과 같이 장애를 설명하는 개별적 모델은 사회의 인식과 환경의 변화가 장애문제의 해결에 영향을 미친다는 점, 즉 장애인이 존재하는 사회적 맥락을 고려하지 못했으며 지나치게 의료전문가에게 의존적이라고 할 수 있다(이성규, 2000).

이러한 관점과는 대조적으로 장애라는 현상을 사회적인 관점에서 고찰하고 있는 사회적 모델을 살펴보면, 장애는 사회적 문제로서 사회적 환경에 의해 창조된 조건들의 복잡한 집합체로서 장애인에 대한 제한을 함축하는 모든 것으로서 편견에서 제도적인 차별까지, 접근 불가능한 공공건물에서 사용 불가능한 교통체계까지, 분리교육에서 노동에서의 배제까지를 의미하며 장애는 장애인의 욕구를 사회 내에서 수용하고 이에 적합한 서비스를 제공하는 데 사회가 실패했음을 의미하고 이러한 실패를 경험한 집단으로서의 장애인들에게 제도화된 차별을 통하여 전달되는 것이라고 하였다(김용득, 2002). 이처럼 사회적 모델에서는 문제 자체가 장애인 개인에게 있는 것이 아니라 사회에 있다고 인식하기 때문에 사회에 대하여 집단적인 형태로 대항하여 문제를 해결해야 한다고 본다(이성규, 2000). 즉 장애인이 전 영역의 사회생활에 완전히 참여할 수 있도록 하기 위한 환경의 개조를 필수 요건으로 삼으며 사회의 집합적인 책임으로 이를 실천해야 함을 강조하고 있다(김용득, 2002). 그러나 사회적 모델은 장애인이 일상생활에서 겪게 되는 불편함을 감소시키지 못하는 부분이 있으며 장애인 개개인이 당하는 신체적·심리적 손상에서 연유하는 고통의 경험과 죽음에 대한 공포를 무시하고 있으며 손상의 의미를 지나치게 과소평가하고 있다는 평가를 받고 있다(이성규, 2000).

이 외에도 장애의 개념을 설명하는 개별적 모델과 사회적 모델에서 간과하고 있는 영역을 설명하는 제3의 모델, 혹은 참여모형(participation model)이라 할 수 있는 정치행정 모델(poli-ministrative model)도 소개되고 있는데, 장애문제를 정책과제로 인식하는 이 모델은 한국의 역사와 문화적 요소를 고려하고 장애인의 참여를 통한 정치행정 과정을 중시하고 있다(이성규, 2000).

한편, 세계보건기구의 장애개념을 살펴보면, 장애인에 대한 인식이 개인적인 비극으로 보는 시각에서 사회적인 문제로 보는 시각으로 변화하고 있음을 알 수 있다. 세계보건기구에서는 1980년에 ICIDH(international classification of impairments, disabilities, and handicaps)분류체계를 만들어 원인에 관계없이 사회적 불이익을 받는다는 결과를 중심으로 장애를 설명하기 때문에 장애에 대한 사회적 책임론이 확장될 가능성을 높였으며, 1997년에 새로 제안한 ICIDH-2에서는 개별적 모델과 사회적 모델의 개념적 차이를 한 체계 안에서 설명하려고 노력함으로써 장애를 3차원의 축(손상, 활동, 참여)으로 분류하면서 손상과 활동(activity)은 개별적 모델의 개념을, 상황요인(contextual factors)과 참여(participation)는 사회적 모델에서의 환경을 제시하고 있다(김용득, 2002). 이러한 내용의 대부분을 계승하면서, 보다 환경지향적인 맥락에서 5년 동안의 현장검증과 국제회의를 거쳐서 2001년에 세계보건위원회(World Health Assembly)가 승인한 ICF(International classification of functioning, disability and health)는 인간의 기능과 제한요소들의 연관된 상황을 묘사해 준다. 즉 ICF에서는 개인적인 장애나 질병과 상황적 맥락(환경적 요소와 개별적 요소)과의 상호 작용에 의하여 기능과 장애를 설명하는데 즉 특정영역에서의 개인들의 기능수준은 건강상태와 상황적 맥락의 상호 작용의 결과라고 본다.

이러한 장애의 개념을 도식화하면 <그림 1>과 같다.

<그림 1> 장애체계

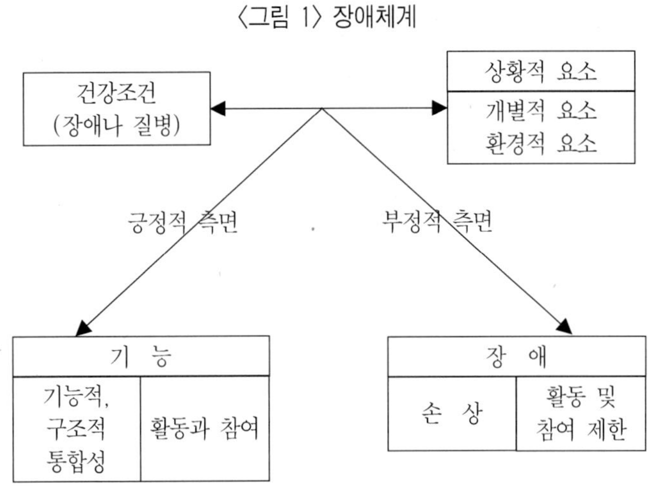

따라서 본 연구는 생의 중간에 사고나 질병 등으로 신체기능과 구조의 급격한 변화를 경험하고 있는 중도지체장애인의 심리적 적응에 영향을 미치는 상황적 요인으로서 이들의 종교적 특성을 살펴봄으로써, 신체기능 및 구조의 통합성과 활동 및 참여에 긍정적으로 영향을 미쳐 이들의 기능수준을 향상시키는 데 필요한 기초 자료를 제공하고자 한다.

2. 중도장애인의 개념

이상에서 살펴본 장애와 장애인의 개념은 그 사회의 사회적, 문화적, 경제적 상황에 따라 달라지며, 개입의 주안점을 어디에 두느냐에 따라서도 달라지기 때문에 간단하게 정의할 수는 없을 것이다. 인생의 어떠한 시기에 장애를 입게 되었는가에 따라서 선천적 장애, 중도(中途)장애, 노화장애로 나누는데 선천적 장애인은 비장애인으로 산 시기를 경험한 일이 없기 때문에 본인은 물론 가족이 갖는 문제도 중도장애인이 갖는 것과는 매우 다른 양상을 띠게 된다.

중도장애인은 어느 시기까지는 정상인으로서 살아 왔지만 어느 순간 사고나 재해, 난치병 등에 의해 장애인이 된 경우이다. 사고에 의한 척추 손상은 그 전형적인 예이다. 원조 전문직에서 중도장애를 거론할 때에는 일반적으로 장애를 입은 시기가 청년기나 성인이 되고 난 뒤인 경우로 한정시키는 경향이 있다.

노화장애인은 나이를 먹음에 따라 생기는 생리적 노화현상으로 인해 초래되는 각종 장애를 가진 사람을 말하며, 이에 대한 개입은 주로 노인복지 영역에 속하게 된다. 결국 선천적 장애인인가 중도장애인인가에 따라서 본인 및 가족의 생각이나 고통의 양태는 아주 다르기 때문에 이에 대한 이해나 원조의 방법도 달라지게 된다.

중도장애에 한정되지만 장애를 입기 전까지 실제 사회생활을 한 일이 있는지에 따라서 '이력성장애'와 '무이력성장애'로 구분하는데 사회인으로 자립하기 이전에 장애를 입은 경우를 '무이력성장애'라 한다. 반면에 가정을 이루고, 더 나아가서는 직장생활 등 사회적으로 활동하고 있었던 경우는 '이력성장애'라 한다. 사회적 경험의 정도에 따라서 본인 및 주위의 고통의 정도에는 많은 차이가 있을 것이며, 장애극복을 위한 동기부여에도 차이가 발생한다.

3. 중도장애인의 심리적 반응

1) 중도장애인의 심리적 특성

갑작스런 장애에 대한 공통적인 반응으로 충격이나 우울과 불안이 가장 많이 나타난다(Stubbins, 1977). 가끔 전혀 우울함을 보이지 않는 장애인도 있는데 이는 정서적인 반응을 부정(denial)하는 것으로 자신의 신체적 상실과, 상실과 관련된 사회적 의미를 거부하는 것이다. 이러한 부정은 단기적인 문제해결에는 도움이 될 수도 있겠으나 장기간 지속된다면 재활노력을 방해하고, 적절한 목표를 달성하는 데 실패하는 등 적응에 문제가 생기게 된다. 자신의 신체의 일부를 상실당한 슬픔에서 회복하는 데에는 시간이 필요하고, 이러한 애통 작업은 이후에 재활 과정에 큰 영향을 주게 된다.

충격적인 손상 사건이 어느 정도 지난 뒤에 나타나는 정서적인 반응은 방어기제의 활용으로 자신의 환경에 적응하는 데 소극성을 보이며 재활 과정에 책임감을 갖고 참여하지 않는 수동성을 보인다. 그리고 공포감을 느끼고 의사결정을 못 하며, 다른 사람의 승인을 기다리는 행동으로 표출되는 과잉 의존성과 부적합한 확신을 가지며, 다른 사람의 도움을 받아들이지 못하고 비현실적인 목표를 설정하는 등 거짓 독립성의 현상으로 나타난다. 공격성은 장애의 기간이 좀더 지난 후에 나타나는데 소극적인 공격행동으로 표출되며 적개심을 수반하기도 한다. 대체로 충격적인 장애를 입은 중도장애인은 장애로 인하여 자신감을 상실하고, 속에 숨어 있는 분노감으로 인하여 우울증, 죄책감이 들며 자아존중감이 손상받는다. 또한 충격적인 장애를 입은 사람의 정서적 반응은 공포감과 실망을 느끼고, 여러 가지 장애요인에 압도당하며 그들의 가족에 대해 무력감과 죄의식을 느낀다.

특히 다른 사람들과의 일상적인 사회생활에서 대면적인 접촉에서의 유익한 피드백(반응)이 없어져서 스스로 택하여 소외된 사람은 의심이 많아지고 의기소침해지고 호전적이고 불안 초조해하고 당혹스러워 하게 된다.

중도장애인과는 대조적으로 선천성장애인이나 유년기에 장애를 입은 사람은 정상적인 성인세계로부터 고통스러운 추방을 당하지는 않는데 그런 세계에서 살아본 적이 아예 없기 때문이라고 하였다(David, 1976). 그들은 유년기라는 하부 세계로부터 장애인의 하부 세계로 곧장 옮겨가는 것이다. 재구성해야 할 옛날의 생활도 없고 재창출해야 할 예전의 이미지도 없는 것이다.

그러나 중도장애의 영향은 갑작스럽고 심각하다. 건강했던 사람이 갑자기 다른 사람에게 의존적이 된다. "나는 마치 커다란 블랙홀에 빠져 버린 아주 어린아이와 같았다. 내가 확실히 알 수 있는 일이란 그저 누군가의 도움을 받지 않고는 이 블랙홀에서 벗어날 수 없다는 것뿐이었다. 내가 24년 동안 받았던 교육, 강의들, 그리고 부모로서의 훈련, 그 어느 것도 지금의 나를 위해서 도움이 될 수 있는 어떤 일을 나 스스로 할 수 있게 해 주는 것 같지 않았다. 나는 평범한 사람인데 갑자기 무엇인가가 일어난 것이다. 그래서 나는 전혀 딴 사람, 낯선 이방인이 되고 말았다(David, 1976)."

2) 중도장애인의 심리적 적응과정

심리학적인 면에서 적응이란 개인에게 부과한 내적, 외적 요구를 충족하도록 개인 내에서 심리적 변화를 일으키는 것이다(Russell, 1981). 즉 갑작스러운 질병에 걸리거나 심각한 신체적 장애를 가지게 되었을 때 사람들은 고유한 심리적 반응을 보이며 자신과 환경을 받아들여 가는데 대개 5단계의 적응과정을 거치게 된다(Stryker, 1977). 그러나 각 단계들은 뚜렷이 구분되지 않을 수도 있고 특정 방해물이 어떤 단계를 벗어나는 데 어려움을 초래할 수도 있으며 한 단계에 고착될 수도 있는데 각 단계는 다음과 같다(김동연 & 임호찬, 2000).

첫째, 충격단계로서, 즉각적으로 나타나는 반응이며, 과도한 자극에 무질서하게 압도된다. 개인은 사고의 심각성 혹은 정도를 이해할 수도 없는 상황이며, 정서적으로, 신체적으로 비탄 상태에 처한다.

둘째, 부정단계로서, 갑작스런 자기신체의 변화 또는 자아개념의 손상을 수용하기란 너무나 어렵기 때문에 초기에 장애를 부정하는 것은 심리적응에 도움이 된다. 따라서 재활전문가는 부정이 사고 후 회복의 초기단계에 필요한 방어기제(defense mechanism)임을 명심하여야 한다. 그런데 비록 부정의 단계가 초기에 엄습해 오는 두려움을 막아주고 적응상에 도움을 주지만 환자가 장애를 스스로 통합하고 후유증을 인식하기 위해서는 부정의 정도가 점점 엷어져야 한다. 현실적인 희망이 비적응적인 부정을 강화하지 않으면서 전달되어야 한다.

셋째, 우울 반응으로서, 부정이 점점 장애나 질병의 심각성과 정도를 이해하고 완전히 인정하는 단계로 발전되면서 슬픔과 우울이 엄습한다. 우울은 상실을 인정하는 순간 생겨나는 것으로 신체의 일부나 기능을 상실함에 대한 반작용이고 당연한 것이다. 자존감 손상이 일어나게 되면 무력감(helplessness)을 느끼게 된다. 장애인은 자신이 타인의 짐이 된다는 느낌을 가질 뿐만 아니라 타인을 위해 아무 것도 베풀 수 없다고 생각한다. 우울감에 무력감이 더해지면 개인의 행동에 대해 갑작스럽게 비효과적임을 느끼게 되어 타인의 반응을 높이 평가하게 되고 자신은 무력하게 되었다고 느낀다. 이러한 우울 단계 동안 환자는 적개심을 밖으로 돌리고, 장애의 원인을 가족, 친구, 고용주 또는 재활 팀 탓으로 비난한다. 이후 환자가 삶의 책임이 자신에게 있음을 인식하게 될 때 개인의 적개심과 분노는 긍정적인 재활효과를 얻는 생산적인 활동으로 연결된다.

넷째, 독립에 대한 저항단계로서, 환자가 독립적으로 자기간호나 재활노력을 할 수 있게 되어 퇴원을 앞두게 될 무렵, 독립을 방해하거나 반대하려는 반작용이 생길 수 있다. 반면에 독립을 갈망하거나 자제력이 강한 특성들은 재활노력에 도움을 준다.

다섯째, 적응단계로서, 기능에 대한 슬픔, 신체이미지, 부정은 하고 있지만 주어진 기능에 만족할 수밖에 없는 현실 그리고 장애로 인한 절망감으로 인해 슬픔에 잠기나 상실에 대한 슬픔과 애도로는 정상으로 돌아갈 수 없다는 생각에 이르면 새로운 잠재력과 변화된 한계를 인정하는 바탕 위에서 새로운 역할을 성취하려고 한다.

그런데 장애로 인한 심리적 충격은 이러한 정서적 적응단계에 비추어 이해할 수 있으나 개인과 그 가족체계에 따라 아주 다르다(Krueger, 1982; Weller & Miller, 1977). 장애 발생 후 심리적 적응과정에 대한 연구에서, 급작스런 외상 환자들은 행동이나 정서적 대응이 아주 독특한 이질 집단이 된다고 강조하였다(Trieschmann, 1980). 특정한 공통적 적응단계를 거친다는 증거는 없다고 한다(Trieschmann, 1981). 즉 이러한 단계 혹은 과정들이 짧거나 약할수록 긍정적인 적응을 보여주는데 적응 반응의 순서와 기간은 장애인 당사자나 가족에 따라 다양한 것으로 알려져 있다(Epperson, 1977). 그리고 심리사회적 반응의 범위가 어떠하든지 간에, 장애경험 자체가 생활방식의 여러 측면에 영향을 미쳐 인생의 위기를 느끼게 한다.

Ⅱ. 종교적 특성

1. 종교의 기능

Durkheim은 종교가 공통된 가치와 의무를 통해 개인에게 연대감과 일체감을 제공해 주며, 이로써 사회를 통합하는 기능을 가진다[1]고 보았다(이원규, 1997). Weber는 종교를 통해 정체성(identity)을 가지게 되며, 죽음이나 고통과 같은 삶의 위기에 적응하도록 '의미를 제공'하는 것을 종교의 핵심적 기능이라고 보았다(이원규, 1997).

특히 개인적으로 위기와 고통의 시기에 있는 자들에게 미치는 종교의 영향력은 더욱 크다고 볼 수 있는데, O'Dea(1966, 5-7)는 예견이나 통제가 불가능한 사건들에 적응해야만 하는 위기의 상황에 의미를 제공하여 '긴장해소(stress-resolution)'의 기능을 하는 것이 종교가 할 일이라고 보았다. Maton(1989)은 아이의 출생, 외로움, 정서적 괴로움, 승진과 관련된 문제들과 같은 상황에서 믿음이 증가한다는 사실을 그의 연구를 통해 밝힘으로써, 종교란 '생활에서 어떤 사건이 발생할 때 개인들의 필요에 의해 생기는 생산물'이라고 하였다.

이렇듯 종교는 삶의 위기적 상황에서 생긴 좌절에 적응하는 힘을 마련해 준다고 강조되어 왔으며(Vernon, 1962), 이러한 기능은 위기 상황에 의미를 부여하여 적극적인 대응을 할 수 있게 돕는 '상황의 재규정'과 좌절극복에 도움이 될 '대체목표를 마련'해 주는 것[2]을

---

1) Durkheim의 견해를 정리한 Alpert(1961, 198-203)는 종교적 의례가 행복감의 기능(euphonic function)을 수행한다고 보았다. 이는 한 집단이 재난, 실망, 안정에 대한 위협에 직면할 때에 특별히 중요하며 실망과 절망의 상황에 희망을 제공해 준다.

2) 현대사회에서는 대체목표를 마련해 긴장을 해소해 주는 종교의 기능을 '여가산업'이

통하여 가능하다.

종교의 도움은 다음과 같은 세 가지 방식으로 나타난다(이원규, 1997). 첫째, '영적인 보상'을 약속하는 것이다. 신체적 장애는 영적인 것에 비해 볼 때, 덜 중요한 것이라고 도덕적 규정을 함으로써 개인의 심리적 좌절이나 위기감을 경감시켜 주는 것이다. 둘째, 종교는 '적극적 사고방식(positive thinking)'을 갖게 한다. 좌절의 상황에 의미를 부여하고 극복 가능한 자신감과 희망을 심어줄 수 있다. 셋째, '인류애적인 구호나 봉사활동'을 들 수 있다. 자선과 봉사를 통해 종교는 개인에게 장애를 극복할 실제적인 도움을 줄 수 있다. 이처럼 종교는 개인의 부정적인 상황에 새로운 의미를 부여하여 보다 긍정적인 방향으로 극복할 수 있도록 도와주고 있다.

Filsinger와 Wilson(1984)은 종교가 결혼을 조절하는 데 사회경제적인 요소보다 더 강한 역할을 한다고 하면서, 가족발달 특성, 심리·경제적 보상, 그리고 신앙심이 부부의 적응에 미치는 영향을 측정한 결과 세 가지 변인 중 신앙심이 가장 예측적인 변인으로 작용한다고 하였다. Robinson(1994)은 결혼한 부부에게 종교는 도덕적인 지침을 제공하고, 결정을 원활하게 하고, 갈등을 감소시키며, 인내를 증가시키고, 조절을 증진시킨다고 하였다.

흔히 종교는 결혼생활의 적응력을 높여주며, 가족생활 전반에 긍정적인 영향을 미친다(Kunz & Albrecht, 1977; Hunt & King, 1978; Glenn & Weaver, 1978; Albrecht, 1979; Shrum, 1980)고 하였으며, 특히 종교가 결혼생활에 행복을 준다면 그것은 같은 신앙성향을 가지고 있는 경우에만 그러하다고 하였다(Argyle & Beit-allahmi, 1975).

부부관계에서의 종교는 교리적으로나 윤리적으로 이혼 자체를 잘

대신하고 있는 추세이다(이원규, 1991). 그러나 여가산업은 부분적으로만 기능적 대행물로서 작용할 뿐 위기상황에서 생겨나는 의미와 목적의 문제에 대해 대답해 줄 수 없으므로 전체적 의미로서의 종교는 여전히 중요하다고 볼 수 있다(Scharf, 1970).

못된 것으로 규정함으로써 이혼을 억제하는 기능을 하며 인내와 용서, 이해와 사랑의 가르침으로써 배우자와의 불화를 극복하도록 도와주며 배우자와의 종교적 가치관이 일치할 때 더욱 효과적인 기능을 한다고 할 수 있다.

2. 종교와 심리적 적응

이상과 같은 기능을 가진 종교가 개인의 심리적 적응에 미치는 영향력을 구체적으로 살펴보기 위하여 선행연구들을 중심으로 고찰해 보고자 한다. 인간의 심리적 적응을 다루는 데 있어서 종교가 어떤 의미를 지니는가에 관한 물음은 최근의 일이 아니라 이미 19세기 말에서 20세기 초에 걸쳐 경험적 학문의 형태로 등장하였으며 종교적 체험에 대한 객관적 연구로서 자리를 잡기 시작하였다(윤주병, 1986). 그 이후로 많은 학자들에 의해 종교성과 정신건강이 어떤 관계를 가지고 있는지에 대해 다양한 방식으로 개념화되어 왔다.

위기나 스트레스 상황에서 보이는 종교와 건강의 관련성에 대한 연구들을 보면, 종교는 육체적·심리적으로 긍정적인 영향을 미친다. 이와 같은 종교의 스트레스 완충(stress-buffering)역할은 종교 공동체가 제공하는 '사회적 지원'과 신으로부터의 '영적 지원(spiritual support)'으로 나눌 수 있다(Maton, 1989).

영적 지원은 '인지적 조정(cognitive mediation)'을 통해 스트레스적 사건의 부정적 영향력을 줄이고 긍정적 의미를 부여하는 것으로(Spilka and Schmidt, 1983), 이는 신의 사랑과 보호를 받고 있다고 믿는 일종의 '정서적 지원(emotional support)'이다. 따라서 정신적 충격을 가져오고 통제가 거의 불가능한 사건에 대해 더욱 큰 영향력을 보이며, 스트레스 수준이 높을수록 그 완충효과는 확연하게 입증된다(Koening, Kvale, and Ferrel, 1988).

완전히 치유된 10명의 정신분열병 환자를 대상으로 치유인자가 무엇인지를 연구한 결과, 치유인자는 정신치료와 치료자의 역할, 배우자의 역할, 그리고 기독교신앙이었다(Rund, 1990).

1) 종교성과 심리적 적응

먼저 종교성과 영성이라는 두 용어의 의미 차이에 대한 논의는 매우 복잡하다.3) 우선 두 용어의 기본적인 의미는 다음과 같다. 즉 종교성이란 "믿음과 제의(ritual)의 가치체계 내에서 그것을 성취하고자 하는 목적을 가진 매우 가치 있는 정신적 태도"를 의미하며(Malinowski, 1969), 영성이란 "개인의 내적인 감정과 경험이 절대자의 힘과 친밀하게 교통하는 측면"을 뜻한다(Bullis, 1996: 2)고 하였다. 하지만 두 용어가 의미하는 의미의 영역은 서로 혼합되는 경우가 많으므로 같은 의미로 사용될 수 있다(Helminiak, 1996)고 하였으므로 본 논문에서도 두 용어의 구별이 본 논문의 전개과정이나 결과의 해석에 있어서 유의미한 차이를 거의 가져오지 못하므로 두 용어를 같은 의미로 사용하고자 한다.

지금까지 개인의 종교성 측정에 가장 널리 이용된 것으로는 '어떤 종교를 신앙하고 있는가?'를 묻는 소속 종교에 대한 척도와 '얼마나 자주 절 / 교회 / 성당 등에 나가는가?'를 묻는 종교적 참여(religious attendance)의 빈도(frequency)가 있다. 그러나 첫 번째 척도만으로는 신앙심의 정도를 파악할 수 없으며, 두 번째 척도만으로는 종교적 차이로부터 나타날 수 있는 의례 참여 빈도의 차이가 반영될 수 없

---

3) 이에 대한 자세한 논의는 다음을 참고하면 된다: V. D. Battle, 2001.

다는 문제점들을 지적할 수 있다(정순일 & 한내창, 1997). 또한 두 종교성 모두 개인이 지니는 신앙의 동기(지향), 즉 신앙의 목적에 대한 측정이 불가능하다. 따라서 본 연구에서는 종교성의 정도를 종교적 참여도 및 믿음의 정도를 포괄하는 개념으로 측정하고자 한다. 즉 종교성의 의례적 차원 중 공적으로 수행되는 종교적 의례 및 활동에 참여하는 빈도를 나타내는 개념인 공적 종교 참여도, 기도나 묵상, 교리책 읽기 등의 수행을 통해 믿음의 정도를 측정할 수 있는 사적인 종교성, 자신에게 종교가 얼마나 중요한 것인가, 그리고 얼마나 자신이 종교적(being religious)인지 자기보고(self-reported) 하게 하는 주관적(subjective) 종교성으로 구성하였다.

경건한 종교 의례 수행은 개인에게 친밀감과 심리적 안정과 같은 지원을 제공해 주며(Idler, 1995b), 개신교도와 가톨릭 신자들을 대상으로 조사한 Community Mental Health Survey의 결과를 보면, '교회 참여도'는 적응 및 행복과는 정적으로 관련되며(Gurin et al., 1960), 심리적 장애(psychological impairment)를 감소시키는 효과도 나타내고 있다(Lindenthal et al., 1970). 종교적 믿음은 생리학상의 증상들과 우울(depression), 불안(anxiety) 등의 심리적 디스트레스를 감소시키는 것으로 알려져 왔다. Ross(1990)의 연구에서는 종교적 믿음의 강도에 따라 디스트레스에 미치는 영향력의 차이를 보았다. 종교적 믿음이 강한 집단과 믿음이 약한 집단으로 분류하여 본 결과, 믿음이 강한 집단의 디스트레스가 낮다는 사실을 밝혔다. 또한 주관적 종교성은 삶의 만족도(life satisfaction)를 높일 수 있다고 하였다.

따라서 종교성은 육체적 건강 향상과 정적으로 연관된다(Berkman & Syme, 1979; Zuckerman et al., 1984; Levin & Markides, 1986). 또한 종교성과 정신적 이상 증상은 부적인 연관성을 보이며, 심리적 안녕과 정적 연관성을 보인다(Hannay, 1980; Veroff, Douvan & Kulka, 1981; Idler, 1987; Krause & Van Tran, 1987; Ellison, Gay & Glass,

1989; Pollner, 1989). 사적 종교성과 주관적 종교성, 공적 종교성에 따라 종교성의 영향력은 다음과 같이 분류할 수 있다(Idler, 1987).

첫째, '관념적 결속(ideational coherence, 관념적 응집성)'이다. 이는 주관적 종교성이나 개인의 기도(devotion)나 묵상과 같은 '사적 종교성향(orientation)'을 통해 받을 수 있는 심리적 안녕에 관한 것으로 스트레스를 경험하는 개인들에게는 더욱 큰 영향을 미칠 것이라고 본다. 이와 관련하여 Idler(1987)는 사회인구학적 특성들 및 건강상태를 통제하여 분석한 결과, 종교적 믿음이 여성들의 경우엔 우울증, 남성들의 경우엔 신체적 무능력(health disability)을 감소시켜 준다는 결과를 밝힌 바 있다. 또한 Pollner(1989)는 신을 비롯한 영적인 힘에 대하여 느끼는 친밀감과 기도는 개인의 행복 및 만족과 연관된다고 하였다. 그는 강한 영적 믿음 및 정체감은 스트레스 대처의 중요한 자원이며, 기도나 명상(meditation)과 같은 신과의 개인적 관계(영적인 만남)가 많아질수록 자아존중감이나 개인적 효능감(self-efficacy)이 커지며 개인들은 자신의 유일함(uniqueness)을 확신할 수 있게 되어, 생활 스트레스에 대한 해석에 긍정적 영향력을 받게 된다고 하였다. 특히 기도는 생활사건을 해석하는 틀을 제공해 준다. Berger(1967)는 이것을 사건을 이해하기 위한 인지적인 틀인 '설득력 구조(plausibility structures)'라고 표현하였다. 이렇듯 인식적 수준에서 이루어지는 관념적 결속을 통하여 첫째, 예측 불가능한 환경에 직면했을 때 나타나는 비관주의(fatalism) 또는 무력감(helplessness)이 감소하며(Abramson, Seligman, & Teasdale, 1978; Wheaton, 1983), 둘째, 어떠한 통제하에서도 모든 것이 다 잘될 것이라고 인식하는 낙관주의가 커진다(Antonovsky, 1980).

둘째, '사회적 결속(social cohesion, 사회적 응집성)'을 들 수 있다.4) 종교적 참여는 다음의 두 가지 이유에서 삶의 만족도에 영향을

---

4) 사회적 결속가설(the social cohesiveness hypothesis)은 '종교적 참여도'를 정서적 / 인지적 / 물질적 지원을 받을 수 있는 사회적 연결망(network)의 하나로

준다(Peterson & Roy, 1985). 첫째로 종교는 유사한 가치를 가진 자들이 사회적 상호 교류를 할 수 있도록 제도적인 환경과 정기적인 기회를 제공해 준다는 점이며, 둘째로는 상호 의미를 주고받는 종교적 의례 및 행사에 집단적으로 참가함으로써, 믿음 강화뿐 아니라 개인적인 느낌과 생활을 보다 '종교적'으로 이해할 수 있게 된다는 것이다.[5]

이와 같이 종교성은 스트레스 상황에서 이를 완충해 주는 사회심리적 요인으로 작용한다. 특히 종교적 참여도의 영향에 대해 살펴보면, Williams 외(1991)의 연구에서는 스트레스를 겪는 자들의 종교적 참여도는 생활사건이나 건강에 관한 문제들이 개입되었을 때만 완충의 효과를 보인다고 밝혔다(Idler & Kasl, 1992; King, Speck & Thomas, 1994).

이와 관련된 국내 연구로 김명언(1998)이 비자발적 실직자들을 대상으로 한 조사에서 의례참석의 여부를 통해 본 종교적 참여도는 경제적 곤란도와 상호 작용하여 우울감을 완충해 주는 효과를 보인다고 밝혔다.

2) 종교적 동기와 심리적 적응

Allport(1960)는 종교를 갖게 된 동기나 이를 통해 지향하는 가치에 근거하여 본질적(intrinsic) 종교성과 비본질적(extrinsic) 종교성으로 구분하였다.[6] 본질적 종교성이란 신앙 자체를 최상의 가치로 보아, 자아

본다(Cohen & Syme, 1985; Jacobson, 1986).
5) 종교가 인간생활의 주변상황들에 의미를 공급해 준다는 '신정론 가설(the theodicy hypothesis)'은 종교적 몰입을 통하여 고통에 대한 인식 및 디스트레스를 수정할 수 있다고 본다.
6) 본질적 종교성(본래적 종교성)과 비본질적 종교성(비본래적 종교성)은 각각 종교를 목적으로 보는 종교성과 수단으로 보는 종교성이라는 대조적인 특성을 지니며, 이

중심적인 요구를 초월하고, 신앙의 전체적인 신조를 내면화하는 것이다. 비본질적 종교성은 안전, 사회적 지위, 위안 등을 종교로부터 얻고자 기대하는 공리적, 자기 방어적 종교성이다. 그리고 Kirkpatrick(1989)은 Allport의 '비본질적 종교성'을 두 개의 하위차원인 '개인적 지향된 종교성'과 '사회적 지향된 종교성'으로 나누었다. 전자는 평화, 행복, 안락, 보호와 같이 개인적인 목적으로 동기화된 종교적 지향을 말하고, 후자는 교회를 통하여 친교의 기회나 사회적 지위의 획득을 추구하고, 사업의 안정을 도모하는 등의 사회적인 목적으로 동기화된 종교적 지향을 말한다.

한편 본질 / 비본질적 종교성에 관련된 국내 연구로는 정순일, 한내창(1997)의 연구가 있다.7) 그러나 연구결과에서 한국의 문화상황에서는 개인의 구원과 위안을 위해 종교를 신봉한다는 견해인 '개인적 비본질적 종교성'이 신앙 그 자체를 인생의 목적으로 생각하는 '본질적 종교성'과 같이 인식되고 있음이 확인되었다. 따라서 이 두 차원의 종교성을 하나로 보고 '사회적으로 비본질적 종교성'과 분류된 의미로 사용하고 있다. 이것은 한국의 문화권에서 종교에 접근하는 방식이 서구와는 다소 달라 종교적 신앙도 신 중심적이라기보다는 인간 중심적이라고 볼 수 있다. 우리 문화권에서는 종교적으로 독실한 자도 신을 기쁘고 영광되게 하기 위해서보다는, 인간 삶을 복되고 참되게 살기 위해 종교를 신앙한다고 생각할 수 있으며, 이러한 경향이 척도에도 반영되어 '본질적 종교성, 즉 종교 자체를 위한 삶으로서의 신앙'은 큰 변별력을 보이지 못했다.

종교의 동기(성향)를 나타내는 본질 / 비본질적 종교성이 개인의 건강

를 질적인 측면에서 비교하고 있다는 점에서 주목을 받고 있다(이원규, 1997).

7) 이 연구에서는 Gorsuch와 McPherson(1989)의 Intrinsic / Extrinsic Revised Scales를 이용하여 본질적 종교성과 개인적으로 비본질적 종교성 및 사회적으로 비본질적 종교성을 이용하였다.

에 영향을 주는 결과들을 살펴보면 다음과 같다. 본질적 종교성은 문제가 되는 사건들을 영적(spiritual)인 목적에 중점을 두고, 즉 종교 자체에 중점을 두고 평가한다. 반면, 비본질적 종교성은 특히 긴장과 위협의 상황에서 종교를 필요로 하고 대처 자체에 중점을 두는 성향을 반영한다. 따라서 이는 자기보호(self-maintenance, 자기보전) 지향적이다(Pargament et al., 1992). 본질적 종교성은 보다 궁극적인(ultimate) 동기를 지니며, 비본질적 종교성은 보다 도구적(instrumental)인 동기를 보인다고 할 수 있으며, 이는 도구적 패러독스 가설(Instrumental paradox hypothesis)로도 설명된다.8) 이처럼 본질적 종교성과 비본질적 종교성은 사건으로 인한 스트레스를 완화(buffering)해 주는 역할 및 사건에 대한 이해(해석)에 영향을 주며 각각의 종교성향에 따라 다른 결과들이 나타나는 것이다.

Allport는 비본질적 종교성향의 특성은 종교를 자기관심에 대한 합리화와 개인의 욕구에 대한 수단으로 사용하며, 이러한 인생에 있어서는 종교적 가르침이나 교의가 그의 삶에 적용되지 않는 것을 말한다고 하였으며, 본질적 종교성향의 사람들은 종교 안에서 그들의 가장 중요한 동기를 발견하고 성숙의 과정을 거쳐 초기의 이기적이고 비본질적 종교성향의 요소들을 극복하여 광범위한 종교적 판점으로 인류애의 근원을 형성한다(Hood, 1985)고 하였다. 이러한 성숙한 종교적 감정은 사람들로 하여금 아주 복잡한 불행이나 윤리적인 책임 같은 복잡한 주장들에 맞서도록 장려하고, 자기 자신을 비판하고 의문을 갖도록 하여 자신을 성찰할 수 있도록 한다. 반면에 비본질적 종교성향을 가진 사람들의 종교적 가치관은 실리적이고 도구적이어서 종교를 안전과 위안, 사회화, 지위와 자기정당화 등을 위한 다양한 방식에 유

---

8) 도구적 패러독스 가설은 비본질적 종교성향이 강할 때, 종교로부터 얻게 되는 심리적 이익과 사회적인 이익은 본질적 종교성향을 보일 때 얻을 수 있는 이익에 비해 극히 작다는 것이다(Althauser, 1990).

용한 것으로 생각하며 이들의 신앙적 자세는 보다 기본적인 욕구에 맞도록 쉽게 정해지거나 선택적으로 형성된다(신혜진, 1991).

Donahue(1985)의 연구에서 천주교 신자들의 본질적 종교성은 우울 및 불안의 감소와 연관이 있으며, 비본질적 종교성이 강한 기독교 신자들은 우울 및 불안의 성향이 증가하는 결과를 보였다(Park et al., 1990). Pargament 외(1979)의 연구는 교회참여 빈도 자체만으로는 사회심리적으로 긍정적 영향력을 받을 수 없다고 밝히는 데 있어서 본질 / 비본질적 종교성의 척도를 이용하였다. 이 연구에서 본질적 종교성이 낮으면서 단지 교회참여 빈도만 높은 자들이 받는 긍정적인 영향력은 매우 낮다고 밝혔으며, 이는 종교적 확신 없이 종교에 참여하는 사람들은 심리적으로 가장 나쁜 상황에 있다는 사실을 시사해 주었다.

장상원(2002)의 중도지체장애인의 심리사회적 재활을 위한 연구를 살펴보면 장애인들은 끊임없이 신앙(종교)을 통해서 장애를 극복하였음을 알 수 있다. 즉 "그것은 하느님과의 만남 바로 신앙이었다", "나는 그분께 매달리며 기도했다. 관절은 망가졌어도 통증이 없다는 것 하나로 너무 행복했다", "나는 신앙을 통해 내 주위를 다시금 둘러보게 되었고, 내가 도울 수 있는 폭을 넓혔다고 자신한다. 또한 나쁜 짓과 생각에서 해방되고 자유로워질 수 있었음을 고백하지 않을 수 없다", "나는 하느님을 믿으며 기쁘게 생활을 할 수 있었다", "그것은 하느님께서 항상 나와 함께 해 주신다는 것을 신뢰하고 체험하기 때문이다. 내가 여기까지 올 수 있었던 것도 바로 신앙의 힘이 아니었다면 불가능했을 것이다. 또한 신앙의 힘이 무엇보다도 내 정신적 활력소가 된 것도 사실이다", "그러나 그런 분위기에서 교리를 배우고 신앙을 가지는 것이 내 삶을 훨씬 풍요롭게 할 수 있으리라는 희망을 가지고 영세를 하게 되었다. 성서를 통해서, 기도를 통해서 마음의 평안을 유지한다. 그렇게 좋을 수가 없다", "내심으로는 하느님께 매달리면서", "더 심한 장애인이더라도 하느님이 주신 생명이니 설령 장애인이 되었다 해도 포기하지 말고 생명에 대한 소중함을 알고 자신의 노력을 다했으면 좋겠다"고 진술하고 있다.

또한 동일 연구에서 신앙공동체에서의 사회적 지지가 중요한 것으로 분석되었다. 즉 "신부님의 권고와 도움이 없었다면 결코 뜻을 이루지 못했을 것이다", "신부님은 장애인을 참 많이 생각해 주신다. 그분의 관심과 사랑은 아무도 따라가지 못할 것 같다. 한번은 식사 때 보조기 끼고 먹던 차에 홀연히 보조기를 빼고 먹고 싶었다. 그래서 입으로 살짝 보조기를 빼내고 손가락 사이에 숟가락을 끼어 혼자 밥을 먹는데 그 모습 보고 당장 친정으로 연락하여 그 변화를 알려 주시는 것이었다. 그렇게 작은 변화에 기뻐하시는 모습, 자연스레 흘렀던 눈물. 잘하는 것에 칭찬을 아끼지 않으시는 신부님. 사소한 것에 기뻐하시는 모습에서 더 많은 힘을 얻었다"라는 내용에서 알 수 있다.

이상과 같은 이론적 고찰을 통해 볼 때, 종교는 생활사건으로 인해 야기된 스트레스 상황에서 보다 긍정적이고 적극적인 사고를 가질 수 있게 해 주며, 보다 구체적으로는 종교성의 정도와 종교적 동기에 따리 스트레스 완충(완화)작용이 다르게 나타난다. 따라서 본 연구는 중도지체장애인의 종교적 특성, 즉 종교성과 종교적 동기가 중도지체장애인의 심리적 적응에 미치는 영향력을 살펴보고자 한다.

Ⅲ. 심리적 적응

1. 심리적 적응의 개념

심리적 적응은 전 재활 과정을 통하여 의식장애의 구성요인 중 심리적 요인에 대처하는 재활복지의 구성부분으로 의료적, 교육적, 직업적 재활과 함께 장애인의 사회적 자립을 목표로 하고 있다. 즉 재활 과정에서 그들의 심리적 요인에 대한 접근으로서 그들의 재활욕구를 향상시켜 주고 재활의 저해요인을 제거하여 사회적응을 도와주는 것이 심리재활의 기능이다.

권도용(1995)은 심리적 적응을 장애인이 신체장애로부터 발생하는 심리적 문제에 대처하는 것으로 심리적 문제의 증후를 제거하고, 발병 이전의 상태로 정신기능을 증대시키고, 자아를 실현하게 하고, 개인의 의미와 가치를 발견하게 하고, 성격을 재구성하는 데 도움 주는 것을 목적으로 한다고 지적하고 있다.

따라서 심리적으로 적응되었다는 것은 장애인이 자신의 장애를 극복하고 자신의 사회적 기능을 다할 수 있음을 의미한다. 심신의 장애는 반드시 장애자와 가족들에게 문제를 안겨주게 되므로, 장애인의 전인격적인 측면에서 심리적 요인의 파악과 장애로 수반되는 심리적 문제를 찾아내 장애인 스스로 인식하고 해결할 수 있도록 돕는 일이 심리적 재활 서비스이다(민은식, 1990). 그런데 장애인이 부정적인 심리상태에서 벗어나 건전한 심리상태로 회복되기 위해서는 장애인 본인뿐 아니라 가족과 주위 사람들에 대한 심리적 원조도 필요하다.

중도장애인의 경우 선천성장애인에 비해 매우 복합적인 문제를 나타내고 있다. 신체기능의 상실에 대한 적응 이외에도 달라진 신체적인 외관에 대한 부정적인 감정의 처리 및 장애의 수용 등과 관련된 각종 심리적인 문제들 때문에 건전한 사회인으로 복귀하는 데 걸림돌이 되고 있어 전문적인 심리적 개입이 요구된다.

장애인 재활복지에 있어서 시민적 인간가치 실현은 장애인 자신이 자기의 장애를 신체적 특징으로 수용할 뿐만 아니라 명확히 인식하고 극복하려고 하는 스스로의 노력과 재활욕구를 충족시켜 나가는 주체적인 행동이 있을 때 가능하다. 만약 이러한 주체적인 행동이 없다면 재활의 과정은 생산능력이 없는 사회적 무능력자로 장애인을 인식하고 보호하는 차원이 되고 말 것이다. 따라서 장애인을 위한 재활 과정은 심리적 재활을 통한 정상적인 사회생활을 달성해 나가는 복지 주체로서의 위치정립이 전제되지 않는다면 물리적 지원만으로 충분한 전근대적인 구호 과정에 그치고 말 것이다.

이러한 검토를 토대로 본 연구에서 다루고자 하는 심리적 적응의 개념은 장애인이 갖고 있는 심리적 문제를 해결하는 것으로 중도장애인의 주요 심리적 문제 중 장애수용 정도, 배우자적응, 그리고 정신건강(스트레스와 우울) 수준에 변화가 온 것으로 제한하여 사용한다. 따라서 본 연구에서는 중도지체장애인의 심리적 적응을 측정하기 위한 변인으로 장애수용 정도, 배우자적응, 그리고 정신건강(스트레스와 우울) 수준을 하위변인으로 구성하였다.

2. 중도장애인의 심리적 적응

장애인이 갖고 있는 장애의식 및 심리적인 문제 등은 여러 가지 요인으로 인해 영향을 받는다. 중도장애인의 경우에는 갑작스런 부상과 영구적인 장애인이 되었다는 사실에 신체적 고통 외에 심각한 스트레스 등의 심리적 문제를 갖게 된다.

이달엽(1987)의 연구에 의하면 장애인의 심리적 문제의 하나인 장애수용에 있어 연령별로 유의미한 차이가 있다고 하며, 유명화(1992)의 연구에 의하면 연령과 장애유형이 사회적응에 있어서 주요한 변수임을 지적하고 있다.

나동석(1992)의 연구에 의하면 장애인의 연령에 따라 우울증에 유의한 의미를 보여 연령이 높아질수록 우울증은 낮아짐을 나타내고 있다. 또한 교육수준과 우울증과의 관계에서는 중졸에서 우울증이 높고, 대졸에서 낮은 수준을 나타내어 통계적으로 유의한 차이가 있음을 보여주고 있다.

양현주(1991)의 연구에 의하면 지체장애자의 사회적응이 미혼자에 비해 기혼자가 더 높으며, 교육정도에 따른 차이에 있어서도 교육수준이 높을수록 사회적 적응수준이 높으며, 직업이 있는 사람이 없는 사람보다 적응수준이 높다는 것을 보고하고 있다.

Kotte는 장애인 자신의 심리적인 측면을 강조하면서 장애를 받은 후 그 장애를 극복하기 위해서는 장애인 가족들의 도움이 가장 중요한 요소라고 한다(Kotte, 1982). 가족의 분위기가 바로 장애인에게 재활을 이끄는 요소이고, 장애인과 가족과의 관계가 재활 과정에 영향을 미치므로 가족은 장애인 재활에 중요한 책임을 진다고 한다(허혜영, 1985). Holahan과 Moos(1986)는 가족의 응집정도, 표현정도, 갈등정도는 개인의 심리적, 신체적 적응에 영향을 미친다고 주장하였다.

산재로 인한 장애 발생 이후 사회에 다시 복귀하는 데 기혼자의 경우 배우자가, 미혼자의 경우 어머니의 지원이 재활에 있어 큰 비중을 차지함이 보고되고 있으며(박수경, 1997), 김승아(1996)의 연구에서도 중도장애인의 심리적인 안정에는 가족의 도움이 가장 큰 것으로 나타나고 있는바, 가족성원은 장애인의 심리적 재활에 영향을 미치는 요인임을 알 수 있다. 또한 장애인에게 있어 가족을 제외한 주위의 친구 및 주변 사람들과의 친밀한 관계는 어려움을 느끼고 있는 상황에서 중요한 자원이 될 수 있는데 사회적인 대인관계에서 자신의 문제를 해결해 줄 수 있는 집단이나 개인이 항상 존재하고 그들로부터 여러 가지 삶에 필요한 정보나 자원과 함께 정서적 지지를 획득할 수 있다고 지각하는 사람이 우울의 수준이 낮은 것으로 나타났다(백기주, 1995).

3. 중도장애인의 장애수용

장애수용 문제는 심리적 적응의 주요 대상으로서 이차적 심리문제이다. 장애수용 문제는 객관적인 장애 정도의 심각성에서 발생하는 것이 아니라 주관적으로 장애인 자신이 자기 장애에 대해 자기 용인이 되지 않은 상태, 즉 주관적 가치관이 신체장애 때문에 손상되었거나 신체를 자기 인생의 종속적 부속물로 보지 않고 지상적 본질로 볼 경우 장애에 대한 자기 용인이 어려운 상태이다. 또한 자기 인생의 고유한 자산적 가치(asset value)에 대한 인식이 약해서 타자의 건강한 신체가치와 자기의 인생가치를 비교하게 될 때 장애에 대한 자기 용인이 어렵다. 따라서 장애인이 자기 장애를 수용할 수 있는 주관적 메커니즘(mechanism)을 갖지 못할 경우에 정신적, 심리적, 정서적 문제가 발생하며, 수용 정도가 미숙할 경우에는 부정이 무의식 속에 남아 있게 된다.

중도장애인은 타인이 그를 수용하기 전에, 그가 먼저 그 자신을 수용할 수 있어야 한다. 그렇지 않으면 자신에 대한 비수용적 태도를 남에게 투사하여 사회관계가 폐쇄적이 된다(우봉순, 1974). 특히 과거 직장생활에서 만족감과 사회활동을 통한 성취감을 느껴 보았기 때문에 장애인이 되었다는 사실을 수용하기 어려우며, 장애로 인한 역할과 활동의 제한은 더 큰 상실감과 좌절감을 갖게 한다.

'수용'이란, 불행에 대한 일종의 체념으로서 그저 참을성 있게 감수(resignation)하는 것에서부터, 만약 자신이 다른 상황을 선택할 수 있다 하더라도 현재와 같은 입장을 택할 것이라는 선호(preference)까지 넓은 범위의 태도를 의미할 수 있다. 장애인의 적응과정에서 의미하는 장애수용이란 자신의 장애를 '가치저하 하지 않는(nondevaluating)' 것으로서 '받아들이는 것'을 말한다. 즉, 장애를 불편하고 제한을 주는 것이라고 인정하고 가능한 한 그 상태보다 나아지려고 노력은 하지만, 단지 인생의 어떤 측면을 용이하게 하기 위해서이지 자신이 인간으로서 가치저하 된다고 생각하기 때문이 아니며, 자기 장애를 감추기 위한 긴장과 수치심으로 괴로움을 겪지 않는 것을 말한다(Wright, 1969).

Wright(1969)는 장애수용에 크게 4가지의 중요한 과정이 포함된다고 하였다(조아라, 1997). 첫째는 관심의 범위(scope)를 넓히는 것, 둘째는 신체에 대해 과도하게 가치를 두지 않게 되는 것, 세 번째는 장애의 영향을 자기 삶의 모든 영역에 확산시켜 지각하지 않고 특정 영역에 국한된 것으로 인식할 수 있게 되는 것, 네 번째는 다른 사람들과 비교하지 않고 자신이 가진 자산(asset)으로써 자신을 평가할 수 있게 되는 것이다. 이러한 과제를 잘 이루어야만 개인은 자신의 장애로 인한 자기평가 절하에서 벗어나 자아수용에 이르게 되고 진정한 적응으로 나아갈 수 있다고 한다(Keany & Glueckauf, 1993).

4. 중도장애인의 배우자적응

중도지체장애인에게 있어서 원만한 부부관계는 신체적 안녕과 정서적 행복감을 가져오는 중요한 삶의 원천이라고 할 수 있다. 본 절에서는 중도장애인이 당면하는 부부관계의 변화를 중심으로 살펴보고자 한다.

1) 배우자적응의 개념

결혼생활에서 부부관계라는 것은 전혀 다른 개성을 가진 각자가 하나가 되어 발전해 나가는 협동적 관계이므로 항상 갈등과 긴장의 요소가 내포되어 있다. 부부관계란 항상 갈등과 균형을 반복하는 동적인 관계이다(최신덕, 1991). 결혼생활은 부부의 적응과정이며 부부적응은 "발전하는 상호적 관계"를 의미한다(문혜숙, 1993).

적응은 결혼의 성공을 나타내는 하나의 기준으로서, 결혼에 이른 부부의 적응방식과 적응의 정도는 결혼생활의 성공과 개인의 행복에 매우 중요한 영향을 미치게 됨에 따라 부부적응에 관한 연구는 부부관계에서 중요한 비중을 차지한다고 볼 수 있다.

Brugess와 Cottrell(1939)은 부부적응이란 일치, 신뢰와 애정, 성적 만족, 우정, 결혼에 대한 만족, 결합의 영속성을 포함하는 상호과정이라고 보았고, Locke(1969)는 갈등을 피하거나 해결함으로써 남편과 부인이 적응해 가는 과정으로 정의하였다. 이전의 부부적응에 대한 개념 연구들을 토대로 그 개념을 명료화한 Spanier(1976)는 부부적응을 하나의 과정으로서 다루기 힘든 결혼상의 차이, 배우자 간의 긴장과 개인석인 고민, 결혼의 만족도, 부부의 결합, 결혼 기능상의 중요한 문제에 얼마나 일치하는가에 의해서 결정된다고 주장하였다.

유은희(1974)는 부부적응을 부부가 갈등을 피하거나 해결해서 그 결혼에 만족하고, 부부 상호간에 공통된 관심사와 활동 등을 발전시킴으로써 결혼이 그들의 기대를 충족시킨다고 느끼도록 적응해 가는 과정이라고 하였다. 반면에 유영주(1990)는 자신의 가능성을 최대한으로 신장하는 것을 목표로 하면서 자신의 욕구와 환경 사이에서 조화를 구하고 그 욕구를 충족시키는 과정이라고 하였다.

이상의 연구들을 살펴보면, 배우자적응이란 배우자와의 차이점을 적극적으로 수용하고, 조화로운 결혼생활을 위한 적극적인 과정으로 볼 수 있다.

2) 중도장애인의 부부관계의 변화

결혼생활을 지속해 오던 성인이 중도에 장애를 입게 되었을 때 그 영향을 가장 많이 받는 사람은 그의 배우자이다(Loach & Greer, 1981). 부부 중 한 사람이 장애인이 되면 두 사람은 함께 살아가는 데 새롭게 적응해야 할 여러 가지 변화를 경험하게 되는데 이를 살펴보면 다음과 같다(유양숙, 1998).

첫째, 대부분의 장애인은 신체적 장애로 인하여 이전과는 달리 일상생활을 처리하는 데 시간이 많이 걸리므로 실망감을 느낄 수도 있다. 이러한 경우에 배우자가 장애인 배우자의 일상과업을 대신해 준다든가, 기다리지 못하고 처리속도를 빨리하면 장애인의 심리적인 적응에 좋지 못한 영향을 미치게 된다. 이는 간단한 일상생활도 스스로 할 수 없음에 장애인의 자아존중감은 상처받기 때문이다. 따라서 장애인 배우자는 인내심이 있어야 하며 새롭게 변한 장애인의 생활속도에 함께 맞추어 가도록 해야 한다.

둘째, 가족수입에 대한 배분문제인데 퇴원 이후에도 계속되는 의료비 지출과 의료장비에 소요되는 비용으로 가족에게는 큰 부담이 된다. 우선 장애관련 비용지출은 필수적이기 때문에 가족경제 운용상 가족생활의 다른 면을 희생시킬 수밖에 없다. 휴가나 외식 등 여가생활이 감소되고 사회적인 접촉의 반경이 좁아지게 된다.

셋째, 장애인 부부의 사회적인 활동이 감소하게 되는데 사회적 관계의 유지는 장애인에게나 배우자에게 자기개념을 유지하게 하며 자아존중감을 갖도록 하기 때문에 부부가 함께 사회생활 속에서 책임과 권리를 누리는 것이 부부관계에도 도움이 된다.

넷째, 장애 발생 이후 부부관계에서 가장 큰 어려움은 성적인 변화이다(Comarr & Gunderson, 1975). 적응과정에서, 어떤 장애인은 자신의 신체회복에 너무 많은 관심을 두기 때문에 관계를 지속할 수 없게 된다. 또한 많은 장애인 부부가 성기능의 잔존능력이나 대처방법에 대해서 충분히 숙지하지 못하고 퇴원하는 경우가 많은데 여기에는 성문제의 중요성을 인식하지 못하는 재활전문인의 태도가 중요한 요인이 된다. 전반적인 재활계획을 세울 때 성적인 재활문제를 함께 논의해야 하는데 특히 성적인 재활문제는 배우자와 함께 해야 한다. 그런데, 남편이 장애인이 되었을 때, 그 배우자가 겪는 어려움은 애정적인 감정에 대한 것으로 장애인 아내에게서 요구하는 사회적 기대는 장애인에 대한 헌신과 인내이기 때문에 부인은 남편에 대한 자연적인 정서적 흐름을 잘 느낄 수 없게 된다(히라야마야사시, 1994). 또한 성생활에 있어서 수동적인 자세보다 능동적인 자세로 변하여야 하는 것이 부인의 또 다른 어려움이다(Teal & Athelston, 1975). 많은 경우 남편이 장애를 가지게 된 경우에는 실제적인 성적 능력과 무관히게 부인을 위한 성직 배려가 감소하여 부인이 욕구불만을 가지게 되거나 부부관계가 소원해짐을 임상경험에서 알 수 있었다. 따라서 재활 전문요원으로부터 애정표현을 포함한 성에 대한 새로운 자세의 정립과 성 지식에 관한 정보를 전달받는 것은 이들 부부관계를 향상시키는 데 꼭 필요한 재활 서비스이다.

다섯째, 장애인의 배우자로서 가장 힘든 것은 맡은 바 책임과 할 일이 많다는 점이다. 장기간의 질병이나 장애치료 후에 퇴원하게 되면, 그때부터 보살핌의 주체는 가족구성원이 되고 만일 양자 간에 상이한 가치, 기대, 그리고 예상을 할 경우에 오해나 갈등의 소지가 높다. 간호자가 배우자인 경우, 성 역할 차원까지 포함되어 복잡해지며, 더구나 하루 일과 중에 어머니로서, 간호사로서, 그리고 연인으로서 역할하기가 아주 어렵다. 이때는 역할분배를 지혜롭게 해서 사전에 갈등요인을 예방해야 한다. 또한 시간이 경과함에 따라 장애인과 간호자 간에 죄의식이 싹트게 된다. 장애인은 자신이 짐이 된다고 느끼면서 자괴감을 가지고, 간호자는 장애인을 귀찮게 느끼면서 이런 부정적 감정을 가진 데 대해 죄의식을 갖게 된다(Trieschmann, 1980). 영구적으로 완전 의존을 해야 한다고 인식하게 되면서, 정서적으로 여러 가지 현상들이 나타난다. 장애인 가족의 역할에 대한 연구에서 Carpenter(1974)는 장애인 남편보다 부인이 맡은 바 일이 많은 것을 지적하였고, Killen(1990)도 척수손상으로 인한 가족 내 역할의 구조적 변화는 그대로 유지되고 있으나 기능적인 면에서 변화가 많고 배우자에게 과부담되고 있다고 하였다. 특히 핵가족화 추세에 사회적 지지망이 확충되어 있지 않는 우리나라의 현실에서 가족 내에서의 역할배분이 적절히 이루어지지 않는다면 가족 내 역할갈등과 부부관계의 악화가 초래될 것이다. 따라서 사회복지사는 가족성원의 개방적인 의사소통을 통하여 역할갈등에 대한 논의와 조정을 하도록 하며 지역사회의 자원활용과 자원개발에 적극적으로 개입해야 한다. 무엇보다도 중요한 것은 장애인 스스로 가정 안에서 자신이 할 수 있는 책임과 역할을 수행하도록 해야 한다.

3) 중도장애인의 배우자적응에 관한 선행연구

신체기능의 상실을 당하게 될 때 장애인이나 이들과 가장 가까운 사람들은 슬픔에 잠긴다. 각자가 서로 다른 방법으로 장애를 대처해 나가면서, 장애인과 자신에게 중요한 타인간의 관계에 변화가 초래된다. 상실의 충격을 받은 사람들은 상황과 그에 따른 가능한 결과에 대해 독특한 지각(unique perception)을 갖게 된다. 장애가 발생한 이후에 반응과 적응과정은 여러 변인의 영향을 받는데 특히 장애인의 적응을 돕는 중요한 변인은 대인간 지지(interpersonal support)이다. 이외에 젊음, 경제적 안정, 그리고 주어진 현실을 소중히 생각하는 인간적 따스함 등도 중요하다(Trieschmann, 1980).

중도장애인으로서 척수손상인의 부부문제에 관한 연구는 척수손상인 부부의 이혼에 대한 연구가 가장 많은데 Crewe, Athelstan, 그리고 Krumberger의 연구들(1979 & 1988)에서는 척수손상 이전에 결혼한 부부(pre-injury marriage)들의 이혼율이 척수손상 이후 결혼한 부부(postinjury marriage)보다 더 높고, 결혼에 대한 만족도가 더 낮아진다고 보고하였다.

El Ghatit와 Hanson의 연구(1976)에서는 부부 사이의 의사소통의 정도는 결혼생활에 영향을 미치는 성적 역기능과 관계가 있다고 하였다. 즉 부부간의 의사소통이 적을수록 성적인 면에서 기능적이지 못하다고 하였다.

Crewe 외 2인의 연구(1979)에 의하면 척수손상 이후에 결혼한 부부가 더욱 행복해하는데 그 이유는 장애 발생 이전에 결혼한 부부들은 아직도 적응과정 중에 있으며, 예전과 달라진 결혼생활에 힘들어하고 있기 때문이다.

Crewe와 Krause의 연구(1988)에서는 장애 발생 이전에 결혼한 부부들은 미래에 대한 자신감을 갖지 못하고, 배우자의 장애로 인한 새로운 부담감을 느낀다고 하였다. 배우자들은 역할변화에 대해서 적응해야 하며 의사소통 방법을 새롭게 배워 자신의 감정과 요구를 표시해야 한다고 하였다.

척수손상인의 결혼만족도 및 적응도에 관한 임신영 외 5인의 연구(1997)에서 척수장애인 부부의 문제영역은 성문제, 의사소통 문제, 여가생활의 문제 등으로 나타났으며 이에 대한 접근의 필요성을 언급하였다.

척수손상인 부부의 문제와 부부관계 요인이 결혼만족감과 자아존중감에 미치는 영향을 파악한 유양숙의 연구(1998)에서 퇴원 직후의 척수손상인 남편이 당면하는 어려움으로 배우자의 역할의 과부담, 성적인 관계의 어려움, 남편으로서 역할수행의 미흡함을 들고 있다. 그리고 척수손상인 남편은 결혼생활에 만족감을 느끼고 있는 반면 부인은 중립의 반응을 보였으며, 남편군의 자아존중감은 부인군보다 부부관계 요인으로부터 더 많은 영향을 받는 것으로 나타났다.

이상과 같은 연구 이외에 재활 프로그램에 있어서 배우자 참여의 중요성을 강조하고 그 효과를 지적한 연구도 있다.

Pachalski와 Pachalska(1984)는 재활 프로그램에 가족 및 배우자를 참여시켜 그 효과를 측정한 결과, 배우자나 가족이 참여한 피실험 척수손상인들이 긍정적 자아존중감을 유지하고, 죄책감과 두려움이 통제집단보다 상당히 감소하였다는 연구결과를 보고하였다. Stambrook 외 5인의 연구자들(1991)은 척수손상인 배우자의 관점을 재활 프로그램에 반영하기 위하여 배우자를 대상으로 조사연구하였는데, 그들은 배우자들을 재활 과정에 포함시켜야만 척수손상인의 부적절한 행동을 부부가 함께 교정하도록 노력할 것이라고 하였다.

장상원(2002)의 중도지체장애인의 심리사회적 재활을 위한 질적 연구에서도 장애인의 심리사회적 재활을 위해서는 배우자와 가족의 지지가 중요한 것으로 분석되었다. 즉 "장애인들 재활에 있어서 가족적인 지지가 얼마나 큰 힘이 되는지를 깨달았다고나 할까? 어떤 면에서 다른 사람들의 무관심은 지금의 나, 더욱 강해진 나로 키워 주는 요소가 되었을 수도 있다", "1994년 봄에 친구를 따라왔던 한 여자, ○○○ 씨는 대학교 2학년이었는데, 그들의 삶에 동참할 의사를 밝히기에 연애 1년 끝에 결혼을 하게 되었다. 이로 인하여 삶의 활력소가 된 것도 사실이다" 이러한 내용을 통해서 결혼생활과 가족들과의 끊임없는 유대가 장애를 극복하는 힘이 되었음을 알 수 있다. 중도지체장애인들은 정상인으로서 살아온 경험을 가진 사람들이다. 따라서 그들은 자신에게 신체적인 변화가 생김으로써 주변상황이 어떻게 달라지는지를 확연하게 느낀다. 배우자와 가족들이 자신을 어떻게 대하는지에 민감하며 가족이기에 조금만 소홀하면 더욱 섭섭해한다고 한다. 또한 정상인일 때는 심상한 것들이 장애를 입고 난 후에는 마음의 상처로 남기도 하고 자신의 심정을 알아주는 사람이 없다는 절대적인 외로움에 빠지게 되면서 종교에 대한 새로운 관심을 갖게 되기도 한다. 척수손상인의 적응에 사회환경적인 영향에 관한 연구로는 여러 편의 연구논문이 있다. 박정미 외 2인의 연구에서 종교생활, 스포츠 활동, 결혼생활의 유지가 척수손상 적응에 중요요인이 된다고 하였다(박정미 외, 1994).

이상에서 살펴본 바와 같이 국외의 중도장애인 부부에 관한 연구경향은 초기에는 주로 이혼율과 장애 발생 전후로 결혼한 사람들의 결혼생활의 차이를 연구해 오다가 점차로 부부관계의 상호 작용 등 부부간의 적응과정을 연구하는 보다 다양한 방향으로 전개되어 감을 알 수 있다. 그러나 국내에서는 중도장애인 부부에 관한 연구가 부족하며, 특히 중도장애인 부부를 위한 구체적인 개입에 대한 연구가 거의 진무한 실징이다.

중도장애인의 심리적 적응에 있어서 가족, 특히 배우자의 배려는 매우 중요하다. 이들 부부의 원만한 결혼생활을 위해서는 장애인을 위한 배우자가 아니라 서로를 위한 부부관계가 유지되어야 한다. 따라서 장애인이나 배우자가 상호 적응해 나가는 것이 무엇보다 필요하며 그러한 재적응과정을 원조하는 데 필요한 전문적인 기술과 개입에 관한 연구가 필요함을 알 수 있다.

5. 중도장애인의 정신건강

1) 중도장애인의 우울증과 스트레스

많은 연구결과들(Hancock, Craig, Dickson, Chang, & Martin, 1993; Turner & McLean, 1989; Frank, Kashani, Wonderlich, Lising, & Visot, 1985; 안일남과 오정희, 1987; 한주랑, 1986)에 의하면, 장애인들은 정상인들보다 임상적으로 유의미한 우울증상의 기준을 넘어서는 비율이 높고, 주요 우울 일화를 보고하는 경우도 3-4배 정도 많다고 한다. 즉 가정이나 사회에서 중추적인 역할을 해 왔던 중도장애인은 갑작스러운 신체적 장애로 인하여 삶의 큰 변화를 겪게 된다. 특히 중도장애인은 초기의 심리적 충격에서 벗어나 어느 정도 자신의 상태를 수용한 뒤에도 신체적 기능상실로 인한 우울감을 호소한다는 것이다. 따라서 대부분의 장애인 적응연구에서 부적응의 지표로서 우울을 측정하고 있으며, 적응과 우울 간에 뚜렷한 역상관이 나타난다(Rybarczyk, Nyenhuis, Nicholas, Cash, & Kaiser, 1995)는 사실은 우울이 장애인에게 매우 중요한 증상임을 역으로 암시하는 자료라고 볼 수 있다.

장애와 우울 사이의 관계를 가정하는 데에는 몇 가지 심리학 이론적 근거가 있다. Friedland와 McColl(1992)은 이를 네 가지로 정리하였다. 첫째는 우울을 상실에 대한 반응으로 보는 정신분석적 관점이다. 장애로 인해 자신의 기능, 역할, 신체상, 이전 자아상 등을 잃게 되는 것을 생각하면, 장애인들은 애도과정으로 당연히 우울을 경험하게 된다는 것이다. 둘째, 학습된 무기력 이론 관점에서는 장애인의 우울이 물리적 환경에서의 좌절이나, 비수용적인 사회환경과 상호작용하는 속에서 학습된 반응으로 생각될 수 있다. 세 번째, 인지적 관점에서 생각해 보면, 장애는 자신과 미래, 세상에 대한 부정적 시각의 증거로 기능할 수 있으며, 장애를 부정적으로 보는 사회적 가치관이 이러한 관점을 더 강화할 수 있다. 넷째는 장애인들이 겪는 스트레스의 양과 만성적인 긴장감을 강조하여, 우울을 스트레스의 결과로 보는 관점이다.

장애인들의 우울 발병률이 일반인들보다 더 높다고 주장한 Turner 등(1989)은 우울을 만성적 스트레스에 대한 반응으로 보았다. 즉, 장애인들의 우울은 스트레스의 강도와 시기, 스트레스의 영향을 중재할 수 있는 개인의 사회적 지원과의 맥락에서 고려되어야 한다는 것이다. 또 신체적 장애와 심리적 적응 간의 관계를 조절하는 특별한 기제를 연구하는 것이 필요하다고 제안하면서, 사회적 지지와 개인적 통제경험이 중요한 매개변인이 될 수 있다고 하였다.

후천적 장애로 인한 우울은 물리적 측면으로서 외형적인 상실, 심리적 측면으로서 자존심의 침해나 중년기에 삶의 목표상실, 막연한 불안이나 죄의식으로 인한 내부갈등 때문에 나타난다. 신체적 외상은 삶에 대한 능동적 통제에 대한 위협을 느끼므로 자존감의 상실을 수반한다. 장애인이 된 이후에는 타인으로부터 긍정적인 만족을 얻지 못하고, 무기력하게 된 자신을 발견하곤, 자아상(self-image)이 급격하게 변경된다. 이로 인해 인생의 목표를 재평가하고 조정해야만 하며 자존감의 상실이 너무 클 경우에는 무가치함, 절망감, 그리고 자살충동을 느낀다.

최근의 경험적인 연구들에서는 초기 우울이 장기적으로 전체 재활을 방해하는 것으로 나타나(Schunbert, Burns, Paras, & Sioson, 1992; Judd & Burrows, 1986; Bracken, Shepard, & Webb, 1981; Lawson, 1978) 우울의 적응적인 기능이 반증되고 있으며, 환경과 인지적 변인들의 영향을 통제하면 초기 우울감이 시간에 따라 저절로 감소되는 효과는 나타나지 않는다고 보고되고 있다(Frank & Elliot, 1987; Shadish 등, 1981). 이 외에도 많은 연구들에서 장애가 발생한 지 오랜 시간이 지난 후에도 장애인들이 일반인들보다 우울감을 보고하는 경향이 많다(Turner & McLean, 1989; Shadish 등, 1981)고 하였다. 극단적인 예로, Shadish 등(1981)의 척수손상 환자 연구에서는 장애를 입은 지 38년이 지났는데도 자신이 할 수 없는 활동을 아쉬워하고 계속 자기 장애에 대해 생각하는 환자의 사례가 보고되었다. 장애인의 자살시도는 대개 환자들이 심리치료를 받지 않고 재활 프로그램만 마치고 퇴원한 경우에 많이 발생한다(Hutcherson & Krueger, 1980)고 한다.

이러한 논의들을 정리하면, 어떤 사람들은 장애를 수용하면서 우울감에서 빠져 나와 적응에 이르게 되는 반면, 많은 사람들은 장애를 수용하지 못하고 계속해서 우울감을 경험하게 된다고 할 수 있다. 따라서 장애수용이라는 적응과 우울의 관계에서 개인차 요인을 알아보는 것이 중요하다고 할 수 있다. Heinemann 등(1988)의 연구에서는 장애 발생 후 경과된 시간이 길고, 나이가 어리고, 부적응적인 대처 전략(예를 들면, 음주, 아무것도 하지 않기 등)을 사용하지 않는 사람들이 장애수용을 잘하는 것으로 나타났다.

우울증은 전반적인 대인관계상의 문제들뿐만 아니라 개인의 사회적 네트워크 가운데 가장 일차적이고 기본적인 관계인 가족관계에 특히 심각한 부정적 영향을 미치게 된다. 즉 가족 중 한 사람이 우울하게 되면 이것이 다른 가족들에게 부정적 영향을 끼칠 가능성이 높으며, 이런 영향이 결과적으로 우울한 사람의 증상을 악화시키고 회복가능성을 낮출 수 있다.

최근에는 우울증상의 사회적 맥락과 환경적 위험요인의 측면을 강조하는 체계관점(systems perspectives)이 점차 중요한 위치를 차지하게 되었으며 우울한 사람의 부모-자녀 간 상호 행동 및 부부관계 등 가족역동에 대한 논의와 연구들이 수행되고 있다. 가족 상호 작용에 관한 직접관찰 결과 우울한 여성들이 우울하지 않은 여성들에 비해 배우자나 자녀들에게 더 부정적이고(Biglan, Hops, Sherman, Friedman, Arthur, & Osteen,

1985; Field, Healy, Goldstein, & Guthertz, 1990), 자녀들에게 반응을 더 적게 하는 것으로 나타났다(Cox, Puckering, Pound, & Mills, 1987).

또한 장애 발생으로 인한 초기 충격, 불안 그리고 감정적 고통은 장애인에 있어 상황적 스트레스의 주요 원천이 된다(Shontz, 1978)고 하였다. 그리고 장애인은 치료와 재활훈련을 받은 후에도 사회적 거부감과 무시, 혹은 고용주들의 편견으로 일자리를 거부당하는 경우가 많아 새로운 역할을 획득하고, 역할에 재적응하며 이에 필요한 사회적 기술을 획득하고 개발시키는 과정에서도 많은 스트레스를 경험하게 된다. 이처럼 장애인에게 있어 장애는 일종의 스트레스원이며, 이 스트레스원에 대한 개인적 지각은 사회적 적응과 관련이 된다(Pollock, 1984). 양현주(1991)는 장애지각은 개인에게 있어 가장 문제가 되는 초점자극이라고 정의하고 장애를 문제로 지각할수록 사회적 활동량이 적어져 사회적응 수준이 낮아진다고 하였다. 그러므로 중도장애인이 심리적으로 재활되었다는 것은 이들이 자신의 신체적 장애를 극복하고 수용하여 장애라는 스트레스원에 의해 자극을 덜 받아 스트레스 수준에 변화가 온 상태를 의미한다고 할 수 있다. 따라서 중도장애인을 위한 개입에 있어서는 이들의 스트레스원에 대한 현재지각 및 인지상태를 평가하고, 심리적인 재활을 이루기 위해서는 장애인들이 자신의 장애를 어떻게 인지하고 있는지, 이로 인한 스트레스의 정도를 측정할 필요가 있다. 왜냐하면 스트레스는 단순한 자극이 아니며 개인마다 스트레스에 대한 반응에는 상당한 차이가 있으며, 스트레스는 스트레스를 주는 상황에 대한 지각에 의해 결정되고 스트레스 정도는 개인의 대처능력에 따라 좌우되기 때문이다.

2) 우울증의 치유

장애로 고통받는 많은 사람들이 심리적 중재 없이도 극복할 수 있다. 그러나 병적인 슬픔 혹은 신경증적 우울증을 보이는 사람들은 포괄적인 심리적 중재가 이루어져야만 재활이 시작될 수 있다. 따라서 중도장애인들과 관계를 맺는 재활 전문요원이나 재활 사회복지사들은 이들의 정서적 반응을 인식하고, 사회적 관계에 미치는 정서적 반응의 영향을 파악하는 것이 중요하다. 왜냐하면 장애인 재활에 있어서 재활 전문요원들의 영향력이 크고, 재활 전문요원들은 장애 발생 이후, 중도장애인들이 처음으로 관계를 맺는 중요한 사람이기 때문이다. 재활 사회복지사의 지지적인 태도가 이들의 재활에 긍정적인 영향을 미치게 될 것이다(Tucker, 1980).

우울증을 치유하는 데에는 성경적 원리와 심리학적 개념들을 균형 있게 사용한 상담을 통해서 가능하다. 먼저 우울증을 회복하기 위해서는 상실한 것에 대해 비탄할 필요가 있는데 성경 역시 그리스도인들로 하여금 비탄을 억제하지 않도록 권면하고 있다(행 20: 36-38, 빌 2: 27, 벧전 1: 6). 장애인은 자신의 상실에 대해 생각하거나 이야기하거나 검토함으로써 자신의 감정들, 실망, 슬픔, 분노, 죄의식, 두려움, 불안과 같은 비탄의 단계9)에 합당한 일련의 감정을 경험할 수 있게 된다.

삶은 상실에 대한 잠재성으로 가득차 있다. 상실에 대한 새로운 관점을 갖도록 하는 것이 중요하다. 하나님을 아는 것은 우리가 상실에 적응하는 방법에 많은 차이가 생기게 한다. 상실을 평가하고 미래를 해석하는 데 유리한 조건을 갖게 한다는 것이다. 삶에는 영원히 가치 있는 측면들이 있고, 다른 측면은 한시적이다. 이러한 관점을 발전시킴으로써, 그리고 이러한 관점이 무의미한 상실과 연관된 우울을 극복할 때 발전할 수 있는 것이라면 고통은 쉽게 빠른 속도로 회복될 수 있다. 이것은 또한 미래에 있을 우울에 맞서서 자신

---

9) 비탄의 과정은 충격(슬픔) −부인(슬픔) −분노−우울(슬픔) −수용과 용서−치유와 성
   장으로 이루어진다.

을 지킬 수 있는 가장 좋은 방법이다. 바울이 상실을 어떻게 다루었는지를 살펴보면(빌 3: 7-8), 그는 먼저 그의 슬픔을 슬퍼했다. 그는 삶의 비본질적인 것으로부터 본질적인 것을 구별할 수 있었다. 그는 영원한 것에 그의 에너지를 투자했다. 그를 황폐하게 할 수 있는 단계에서 그를 고통스럽게 할 상실은 없었다. 그는 이미 상실을 이득으로 생각하고 있었다.

Ⅳ. 심리적 적응을 위한 실존분석과 의미요법

심리재활은 심리적 문제에 대한 치료를 목적으로 하는 대화로써 심리적 문제를 가진 장애인의 고통을 경감시켜주고, 재학습의 기회를 제공하고, 개인적 성장을 촉진하는 특수한 의사소통의 관계이다(권도용, 1995). 좀더 넓은 의미에서의 심리재활은 치료자가 개인의 성격 및 행동을 변화시키기 위하여 의도적으로 사용하는 모든 심리학적 기법으로 최근에는 다양한 심리적 문제에 대해 심리치료를 사용하여 보다 성공적인 재활을 할 수 있도록 지원해 주고 있다.

심리재활은 심리적 문제의 증후를 제거하고, 발병 이전의 상태로 정신기능을 증대시키며, 자아를 실현하게 하고, 개인의 의미와 가치를 발견하게 하고, 성격을 재구성하는 데 도움을 주는 것을 심리재활의 궁극적인 목적으로 한다.

이러한 심리재활을 위한 심리학적 접근은 매우 다양하나 대부분의 심리치료에서는 인간의 영적 측면을 부인하거나 가볍게 취급하는 경향이 있다. 그런데 의미치료(logotherapy)를 발전시킨 정신과 의사인

프랭클(Viktor Frankl)은 인간을 신체적, 정신적 및 영적(spiritual) 측면을 가지고 있는 존재로 인식하고 있다. 프랭클은 인간에 있어서 영적 특성을 강조하는데 인간의 영적 측면이야말로 사람을 사람 되게 하는 것으로 보고 있으며 존재론적인 삶의 의미를 통해서 건강한 삶을 누릴 수 있도록 도와준다. 알포트(Allport)도 종교성은 모든 사람들에게 있는 본성의 하나이고 때로는 성숙한 인격 또는 건강한 정신을 소유한 사람들에게 잘 발달되어 있다고 하였다. 의미치료는 기존의 심리치료에 대한 보완적 치료로서, 프랭클은 정신분석이나 개인심리도 인정하고 있으나 이러한 이론들이 인간의 영적 측면에는 관심을 두지 않고 있음을 비판적으로 보고 있다. 즉 의미치료는 종교의 중요성을 충분히 강조한 이론이며, 실존적 차원을 충분히 인식시키는 것뿐만 아니라 의학적 정신지도를 통하여 사람을 종교적 차원에까지 이끌 수 있는 총괄적인 치료법이다(유형심, 1979). 프랭클은 심리요법, 정신의학 및 일반의료의 목적은 건강이지만 종교의 목적은 이들과는 본질적으로 다른 구원이다. 종교가 정신건강을 직접적인 목적으로 삼지 않는다 할지라도 결과적으로 그것에 귀착될 수 있으며 심리요법도 그 부산물로서 이와 비슷한 현상이 나타난다고 하였다. 즉 현대인에게 삶의 의미를 제공하려는 의미요법은 그 취급영역에 있어서 신앙과 밀접한 관계를 맺는다. 프랭클은 궁극적 의미, 초월적 의미는 궁극적인 존재에 대한 신뢰, 곧 하나님께 대한 신앙을 전제로 한다고 하였다. 특히 의미요법과 기독교신앙이 상호 긴밀한 관계를 유지할 수 있는 가능성은 인간이해와 책임의 문제 속에서 충분히 숙고될 수 있으며 자기중심적인 의지를 넘어서서 의미에의 의지를 주장하는 의미요법은 성서적인 인간이해와 많은 상관성을 지니고 있다. 따라서 본 연구에서는 프랭클의 실존분석과 의미치료법에 대해서 살펴보고자 한다.

1. 의미요법의 배경

1) 실존주의 철학

덴마크의 철학자 키에르케고르(S. Kierkegaard, 1813~1855)는 실존 (Existence)을 주장하게 된 이유로 너무도 「내 자신」이 무시되는 시대에 살고 있다는 의미에서 지극히 당연한 것을 주장한다고 하였다. 어느 시대에도 인간의 개별적이고 독자적인 현실존재는 무시되거나 압박당해 왔으며, 인간은 언제나 보편적 본질에서만 문제되었을 뿐이다. 이러한 경향은 헤겔에 있어서 철저히 강조되었는데, 헤겔에게 있어서 완전한 실재란 절대적 이념으로서의 전체성이라고 주장한 것이다. 따라서 헤겔에 의하면 이 절대적 전체성 안에서만 존재할 수 있고, 참된 존재가 될 수 있다고 한 것이다. 개별적인 인간은 불완전한 것이며, 인간의 전체적인 본질에서 이탈된 예외적인 존재라고 할 것이다.

그러나 키에르케고르는 개별적으로 살아가는 구체적 개인의 생활이 소중한 것이라고 주장한다. 어떤 것과도 유사하지 않고, 어떤 누구도 대신할 수 없는 개별적이고 단독적이며 예외적인 현존재의 특수한 사정이 언제나 소중하고 문제되는 것이다. 즉 추상적으로 남들과 보편적 본질을 함께하는 면은 나의 구체적 생존에 대해서 오히려 비현실적이 되고 만다.

사람은 무엇보다도 자기 자신을 아는 것을 익혀야 하며, 내면으로 자기를 이해하고 그 위에 자기의 길을 걸어 나갈 수 있어야 비로소 인간생활의 의미를 찾을 수 있는 것이다. 이와 같이 자기이해를 가져야만 비로소 인간은 자기의 독립적인 실존을 주장할 수 있고 자기를 이탈하거나 상실하지 않게 된다. 인간은 자기 자신의 심신상태를 정신적으로 초월하는 것을 실존적 행위라고 일컬을 수 있는데 인간은 바로 이런 행위에 의해 존재의 정신적 차원으로 들어간다. 정신적 태만(怠慢)에서 자기의 주체적 진리를 탐구하지 않는 것은 자기상실자이며, 추상적 공허이고, 「나」로서 살아가는 사람이 아니라 「공중」으로 살아가는 사람인 것이다. 즉, 인간의 보편적인 본질(Essence)보다도 구체적이고 개별적인 실존(Existence)을 중요시하는 점에 실존철학의 특징이 있는 것이다.

2) 의미요법의 인간학적 특징

의미치료는 다른 심리치료법들과 달리 신경증의 차원에서 나아가 인간의 영성, 자유, 책임 등을 포함하는 인간현상들의 차원까지 확장된다. 프랭클은 인간실존의 본질은 정신성·자유·책임이라는 3가지 요소로 이루어져 있다고 믿었다.

(1) 정신성

인간을 형이상학적으로 정의할 때 가장 중요한 것은 정신성이다. 이는 인간현상들 중 특정한 것들은 인간을 조건 지우는 화학적, 물리적, 생리적, 심리학적 영역에서 도출해 낼 수 없는 성질을 말한다. 인간은 정신적인 존재라고 할 때는 인간 정신성을 이루는 여러 측면들도 동시에 내포되어 있는 것을 의미한다. 인간의 정신성은 인간의 사회적인 측면, 육체적인 측면, 영적인 측면에 대해 대응해 나갈 수 있다는 것이며, 정신성이란 인간의 오감(五感)을 통해 체험할 수 없고 어떤 행위의 가능성의 조건으로서 이해될 수 있는 토대라고 할 수 있는 것이다.

정신성은 직접적인 자기의식에서 현상학적으로 나타나며, 정신적 무의식에서 유래된다. 정신적 무의식은 모든 의식의 기원이며, 근원으로 자아가 스스로 결단할 때에 비로소 주어지게 된다. 정신성은 인간의 주요한 속성이며, 그것에서 양심·사랑·미적 양심 등이 유래된다. 인격이 정신적이란 것은 이성적이고 자유의지를 갖는다는 것으로서 추상적으로 사고하고 판단하고 몇 가지 가능성 속에서 선택한다는 것이다.

(2) 자 유

자유란 이미 본 것처럼 인간이 어떤 제안을 받아들이거나 거절하는 선택이나 결정, 즉 어떤 의미 가능성을 실행하거나 혹은 상실하는 것을 의미한다.

인간은 유전인자를 통해서 생물학적이며, 충동을 통해서 심리학적이며, 환경을 통해서 사회학적인 조건 속에 갇혀 있다. 그러나 인간은 이러한 조건들로부터 자유롭지 못하며, 무엇으로부터 자유로운 것이 아니라 **무엇을 할 자유**가 있다. 즉 이 모든 조건들에 대하여 자신의 입장을 표명할 자유가 있으며 이러한 입장표명의 능력을 정신의 '반항적 힘'이라고 불렀다. 이러한 인간 고유의 가능성이야말로 범결정론을 극복할 수 있게 한다는 점에서 중요한 의미가 있다고 하겠다.

인간은 어느 범위 내에서는 모두가 자유로운 존재이며, 선택권을 갖고 있다. 즉 인간의 자유란 주위의 상황으로부터의 자유가 아니고, 주위의 상황에 대하여 자기태도를 취하는 자유를 말한다. 비록 인간은 비정신적 요소인 본능이라든가 타고난 독특한 유전인자 혹은 환경적 조건에 의해 영향을 받기도 하지만 이런 조건에 대하여 어떤 입장에 대해 결정·허용·거부할 자유가 있는 것이다.

(3) 책 임[10]

인간의 자유에는 물론 조건이 따른다. 인간의 자유는 주어진 사실이 아니라 순전한 선택성의 의미를 내포한다. 인간은 스스로 움직이고 싶어 할 때 언제든지 움직일 수 있다. 실존분석에서는 인간의 자유를 선포하지만 책임도 함께 이야기하고 있다. 이 말은 인간의 자유가 전능성과 동일시되지 못하고 가치의 실현에 대해 책임이 있다는 의미라고 할 수 있을 것이다. 인간은 '무엇에 대해서' 책임이 있느냐는 것과 반대로 '무엇 앞에서' 책임이 있느냐를 질문하게 한다. 이는 무엇을 위해서 책임이 있느냐는 말이며, 이 질문은 각 개인에게 위임되어 있다. 개인에 따라서 그것은 사회가 될 수도 있고, 인간성이 될 수 도 있고, 양심이 될 수도 있고 어떤 사람에게는 신이 될 수도 있는 것이다.

인간은 선택의 자유를 가졌다는 것을 느끼는 것만으로서는 충분하지 않으며, 선택에 따르는 책임을 또한 받아들이지 않으면 안 된다. 인간이 여러 선택에서 하나를 자유롭게 선택·결정한다는 것은 자신이 선택한 것을 제외한 다른 모든 선택과 그 선택의 결과로서 얻을 수 있는 모든 것을 포기한다는 것을 의미한다. 삶의 질은 질적인 것에 의해 판단되는 것이라고 할 수 있다.

인간은 궁극적으로 자기결정을 하는 존재이며, 주어진 재능과 환경의 범위 안에서 인간이 되는 것은 자기 자신의 힘에 의한 것이다. 즉 인간은 그 자신의 가능성으로서 실존하여 이 가능성을 향해서 혹은 그것에 반대해서 자신의 결단을 내릴 수가 있는 것이다. 인간은 주위의 힘에서가 아니라 자신의 결정에 의해서 인간형성이 이루어진다는 점에서 인본주의와 맥락을 같이한다.

---

10) 인간의 궁극적인 의미는 결단, 즉 책임을 가진다는 사실이다. 이 책임 속에는 인간의 자유가 "~으로부터 자유" 뿐만 아니라 "~으로 향한 자유" 즉 가치의 실현을 목표로 한다는 뜻도 주어져 있는 것이다.

(4) 자기초월

프랭클에 따르면 자기초월이란 인간존재는 언제나 자기 자신이 아닌 어떤 대상, 즉 의식적 혹은 무의식적으로 의미 있게 생각되는 어떤 무엇을 향하고 있다는 것을 의미한다. 인간이 인간이 되는 것은 어떤 과제에 헌신하거나 어떤 책무를 위해 봉사하거나 어떤 다른 사람들을 사랑하여 자기 자신을 간과하며 잊어버릴 때 그 때에만 가능하다. 인간의 처음이자 마지막인 동기는 **'의미에의 의지'**이며, 인간에게 무의미감이나 공허감이 찾아올 때는 인간에게 좌절되는 것이 있으며, 이 좌절되는 모든 것이라는 다소 애매한 조작적 정의를 내리고 있다. 의미치료에서 이와 관련하여 '실존좌절'이라는 말을 하고 있으며 이는 자기존재의 의미에 대한 근심은 인간 자체를 나타내주고, 의미의 문제를 제기하고 자기존재의 의미를 문제삼는 존재는 인간밖에 없다는 것이다.

따라서 인간이란 원하든 원하지 않던, 지각하든 지각하지 않던, 인간은 자신이 숨을 쉬고 있는 동안은 의미가 있음을 믿으며, 비록 의미라는 것을 조금밖에는 모르지만 인간은 언제나 의미를 지향하는 존재인 것이다. 실존적 공허는 인생에 대한 무의미감을 말하며, 동조주의와 전체주의는 인간은 자신이 진정 원하는 바가 무엇인지 더 알 수 없게 될 것이라고 예언하고 있다. 그만큼 다른 사람들이 행하는 것만을 하려 하거나 다른 사람들이 하려하는 것만을 행하게 되는 것이다.

프랭클은 인생은 무조건적으로 의미가 충만한 것으로 드러나고 이는 인간실존에서 부정적으로 보이는 측면들 특히 고통, 죄책감, 죽음이 올바른 자세와 태도를 가지고 만나게 될 때에 긍정적이고 어떤 업적으로 변형될 수 있다고 주장하였다. 심리치료자의 과제는 모든 인생의 고통들에서 자기들만의 고유한 의미를 찾아내도록 돕는 것이라고 하였다. 그러나 치료자는 사람들에게 '의미에의 의지'를 가져야 한다고 명령할 수는 없다. 이러한 의지는 타의에 의해서 생겨날 수 없는 자발적인 원함의 행위인 것이다. 피할 수 없는 고통은 인간 체질상의 본질적인 것이며, 치료자는 실존적인 사실들과 관련하여 사람들이 도피하는 경향으로 도와주지 않도록 조심해야 한다. 인간이 불가피하고 변화시킬 수 없는 운명을 만나게 될 때 취하는 자세와 태도야말로 실존적 고통을 하나의 위업으로 전환시킬 수 있도록 해주는 것이며, 이러한 능력은 인간만이 가질 수 있는 것이다.

인간이 의미를 발견할 수 있는 경로에 대해 프랭클은 첫째로 인간이 무슨 일을 실현하거나 어떤 행위를 완수하거나 어떤 작품을 만들어내는 등 창조적인 행위, 둘째로 대인관계 특히 사랑의 관계도 인생의 의미를 부여할 수 있게 한다. 셋째 경로는 사랑하는 사람의 상실이나 불치병에 걸리는 것과 같은 변화시킬 수 없는 상황들을 만났을 때 이것들에 더 이상 매달리지 말고 떨쳐버리는 것이라고 지적하고 있다.

2. 의미요법의 철학적 기초

의미치료의 경우 실천의 바탕이 되는 이론은 비전이며 세계관이기도 하다. 다른 많은 치료법과 마찬가지로 로고테라피는 뚜렷한 생의 철학에 근거를 두고 있다. 하나의 연쇄를 형성하는 세 가지 기본적 가정에 근거를 두고 있는 생의 철학은 의지의 자유, 의미에의 의지, 생명의 의미라고 할 수 있다.

1) 의지의 자유

인간에게 있어서 의지의 자유는 오늘날 인간에 대해 널리 행해지고 있는 결정론에 반대되는 것으로서 어떤 상태로부터의 자유가 아니라 어떠한 상태가 자기에게 다가오든지 간에 그것에 대해 어떤 태도를 취할 수 있는 자유를 말하는 것으로 인간경험의 직접적인 지식에 속한다. 이러한 지식은 후설(Edmund Husserl) 이래 현상학적이라는 경험적 접근법에 따른 것이라고 할 수 있다. 의지가 자유롭지 못한 사람은 타인에 의해서 자기의 의지가 조작되고 자기의 사고가 제약을 받고 있다는 환상을 가지고 있다는 것이다. 물론 인간의 유한한 존재의 자유는 제약된 자유이다. 인간은 태어나면서부터 생물학적·심리학적·사회학적 상황에 얽매여 있다고 할 수 있을 것이다. 그러나 인간은 이러한 상황과 맞서는 자유를 지니며, 동시에 이러한 자유는 언제나 인간에게 주어져 있다. 즉 인간은 상황에 대한 태도를 선택할 자유를 가지고 있으며, 인간은 자기존재의 신체적·심리학적 평면 차원을 초월할 자유가 있다는 것이다. 즉 인간은 신체적이고 심리적인 현상과는 명확히 구분된 정신적 현상의 차원으로 들어간다. 프랭클은 이 상태를 자기이탈이라는 용어로 설명하였는데 즉 자기이탈은 독특한 인간능력이며 이 능력은 어떤 상황으로부터뿐 아니라 자신으로부터도 이탈할 수 있게 한다. 그래서 인간은 자신의 신체적 정신적 성태와 결징인자들에 대한 태도를 취하며 나아가서 신체적 심리적 현상에 대한 태도의 결정수준을 넘어서 정신적 현상의 차원을 열어나간다. 이것이 독특한 인간현상들이 존재하는 차원이며 그것은 의지의 자유에 의한 결과이다.

2) 의미에의 의지

인간이란 다른 존재와 관계를 맺어가는 존재이며, 실현해야 할 의미에 도달하고자 하는 존재이다. 인간의 자기실현은 의미를 충족시키는 한도까지만 자기 자신을 실현할 수 있는 것이다. 그러나 인간은 직접 자신의 '자아동일성'을 위해 노력할 수 없는 존재이다. 인간은 오히려 자기 자신을 넘어선 자기보다 위대한 대의에 자신을 위탁함으로써 '자아동일성'을 발견하게 되는 것이다. 야스퍼스도 이와 유사하게 "인간의 본질은 자기 자신에 고유한 것을 만드는 대의를 통해서 궁극적으로 인간이 된다."고 하였다.

인간은 자기 개인적 삶의 특유한 의미를 실현할 책임이 있다. 그리고 또한 그것이 사회문제이든 인간성의 문제이든 인류의 문제이든 자기의 양심의 문제이든 어떤 것 앞에 혹은 어떤 것에 대한 책임이 있다. 로고테라피는 그 책임성을 통해 실존의 참된 본질을 보게 한다. 로고테라피는 인간이 자신의 책임성을 어떻게 해석해 준다든가 또는 자신의 개인적 의미로서 어떤 것을 채택하도록 환자의 결단을 의식적으로 좌우할 자격은 없다고 본다.

3) 생명의 의미

세 번째 인간의 특징으로 삶의 의미에 대한 추구를 들었는데 삶의 의미는 인간마다, 그리고 시간마다 다를 수 있다. 문제가 되는 것은 주어진 시간에서 개인의 삶이 가진 특수한 의미인 것이다. 삶의 각각의 상황은 인간에게 도전이며 또한 해결할 문제를 던져주는데, 인간은 책임에 의해서만 해답을 찾을 수 있으며 그럼으로써 삶의 의미를 발견할 수 있다. 우리는 우리들의 삶을 의미 있게 할 수 있는 세 가지 방향11)이 있다. 첫째는 ≪우리가 무엇을 삶에 줄 것인지≫ 창조적 행위를 통

---

11) 인간은 일생동안 가치의 문제를 끊임없이 염두에 두고, 각 상황에 따라 삶에 의미를 주는 어떤 가치를 끊임없이 선택해야만 한다. 가치에도 삶에 의미를 주는 3가지 방법에 상응하는 기본적인 가치체계가 있는데 창조적 가치·경험적 가치·태도적 가치가 그것이다.

해서이고, 둘째는 ≪우리가 무엇을 이 세상에서 취하느냐?≫ 우리가 경험하는 가치 즉 체험과 만남을 통한 수용성에 의해서이며, 셋째는 ≪변경할 수 없는 운명에 대해 취하는 심적 태도≫를 통해서이다.

창조적 가치(creative value)는 창조적이고 생산적인 활동에서 인식되는 것이다. 비록 창조적 가치는 생활 전반에 걸쳐서 표현될 수 있는 것이지만 어떤 종류의 일을 통해 유형·무형의 제작과 아이디어를 고안해 냄으로써 혹은 타인에게 봉사함으로써 삶에 의미를 주는 것이다.

경험적 가치(experiential value)는 세상으로부터 받는 것인데, 이러한 수용성은 창조성만큼이나 많은 의미를 줄 수 있다. 경험적 가치는 자연이나 인생에서 진·선·미를 경험함으로써 어떤 한 인간을 그의 독자성에서 앎으로써 혹은 한 인간을 고유하게 경험하는 사랑을 통해서 나타난다.

창조적·경험적 가치는 풍부하고 안전하고 긍정적인 인간의 경험을 통해서 삶의 풍요로움을 다룬다. 그러나 인생이란 풍부한 경험으로만 구성된 것이 아니다. 극한상황 같은 것이 인생에 있으며 이러한 것은 인간의 삶을 위축시킨다. 이러한 상황에서 인간이 취하는 태도에 의해서 의미를 발견하는 방법이 태도적 가치(attitudinal value)이다. 프랭클은 인간의 객관적 운명보다는 운명에 대한 우리의 태도가 인간을 낙담시키고 파괴적이 되게 한다고 믿고 있다. 그는 가장 침울하고 낙심할 때 혹은 절망적인 상황이 의미를 발견할 가장 많은 기회를 인간에게 제공해 준다고 보고 있다. 그리고 또한 이러한 상황이 가장 열심히 의미를 찾아야 할 상황이기도 하다. 그러한 상황에 처했을 때 대처할 수 있는 합리적 방법은 오로지 그 상황을 받아들이는 태도이다. 고통을 견디어내는 용기와 의연함이 인간의 성숙도를 측정하는 궁극적인 척도가 되는 것이다.

이러한 의미에서 인간의 삶은 실존의 마지막 순간까지도 의미를 유지시킬 수 있다. 인간이 살아 있는 한 그 가치들을 인식해야 할 의무가 있다. 그것은 인간이 심리적 건강을 유지하고자 한다면 피해서는 안 될 인간의 책임인 것이다.

의미요법에서는 인간의 실존적 좌절과 공허함을 심리치료의 대상으로 끌어 들였다는 점에서 독특하다. 개인의 선택의 자유와 자신의 선택에 대한 책임감, 그리고 가치의 영역을 확대시킴으로써 현대인의 공허감을 치유하고 있다.

실존주의 철학을 바탕으로 한 의미요법은 타인을 전문적으로 돕는 사회복지 영역 안에서 실존적 문제로 고통받고 있는 많은 대상자들에게 이제까지 발견하지 못한 자신의 가치를 찾고 삶의 의미를 부여할 수 있는 기회를 제공해 줄 수 있을 것이다. 우선 사회복지사가 만나는 클라이언트들의 실존의 문제를 다루고 해결할 수 있는 힘을 키워줌으로써 또는 사회적 소외감으로 인해 절망하고 있는 이들에게 실존주의적 접근은 자신의 삶에 대한 의미와 가치를 발견할 수 있도록 돕는 역할을 할 수 있을 것이다. 또한 사회복지서비스를 제공하고 있는 사회복지사들 스스로에 대한 실존적 가치를 제고할 수 있는 기회를 제공해 주고 있다.

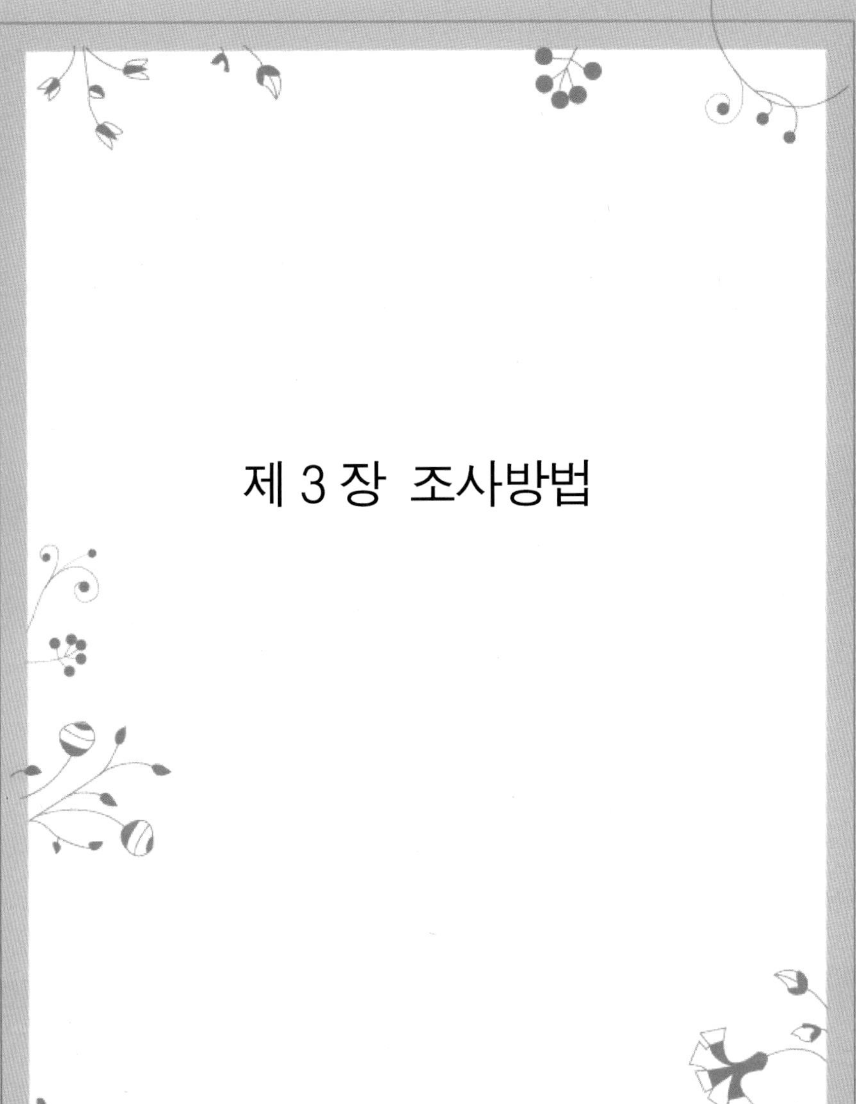

제 3 장 조사방법

위와 같은 이론적 고찰을 통해 다음과 같이 연구모형과 연구질문을 설정하였다.

I. 연구모형 및 연구질문

1. 연구모형

본 연구는 종교적 특성이 중도지체장애인의 심리적 적응에 어떻게 영향을 미치는지를 분석하기 위해 <그림 2>와 같이 연구모형을 구성하였다.

〈그림 2〉 연구모형

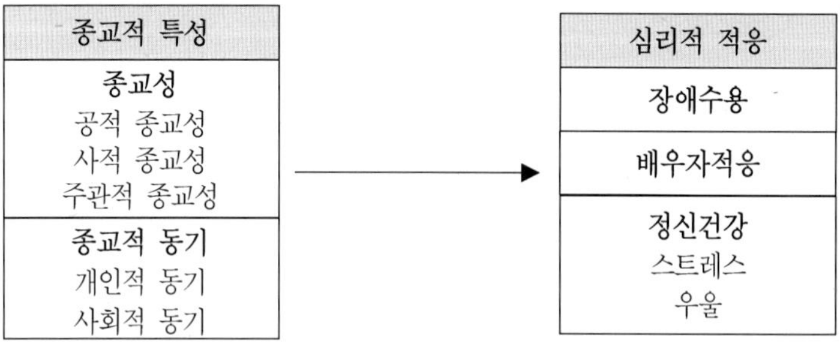

종교적 특성	심리적 적응
종교성 공적 종교성 사적 종교성 주관적 종교성	장애수용
	배우자적응
종교적 동기 개인적 동기 사회적 동기	정신건강 스트레스 우울

2. 연구질문

중도지체장애인의 심리적 적응을 위한 접근은 현재 중도지체장애인들이 지각하고 있는 심리적 문제는 어느 정도 수준이며, 이러한 문제에 변화를 줄 수 있는 요인들이 무엇인가에 대한 질문에서 시작되어야 할 것이다. 즉, 심리적 문제를 완충하는 데 어떤 요인이 상대적으로 영향력이 있는지 규명되어야만 심리적 재활 서비스의 개입대상 선정과 구체적인 접근방법이 모색될 수 있을 것이다. 따라서 본 연구에서는 앞의 문헌고찰을 통해 살펴본 중도지체장애인의 심리적 제 문제에 영향을 미치는 요인으로서 종교관련 요인을 실증적으로 확인하여 심리적 적응과의 관계를 밝히고자 다음과 같은 연구질문들을 설정하였다.

[연구질문 1] 중도지체장애인의 종교적 특성(종교성과 종교적 동기)은 중도지체장애인의 장애수용에 어떠한 영향을 미치는가?

[연구질문 2] 중도지체장애인의 종교적 특성(종교성과 종교적 동기)은 중도지체장애인의 배우자적응에 어떠한 영향을 미치는가?

[연구질문 3] 중도지체장애인의 종교적 특성(종교성과 종교적 동기)은 중도지체장애인의 정신건강(우울과 스트레스)에 어떠한 영향을 미치는가?

Ⅱ. 변수의 구성 및 정의

1. 변수의 구성

<그림 2>를 기초로 본 연구에서는 주요 변수들을 다음과 같이 구성하고 개념을 정의하였다.

〈표 Ⅲ-1〉 변수의 구성

이론변수		측정변수	문항 수
인구사회학적 배경	인구사회학적 변수	연령, 성별, 결혼상태, 생활수준, 교육수준, 현재 직업유무	6
장애관련 배경	장애관련 변수	장애등급, 장애기간	2
종교관련 배경	종교관련 변수	배우자의 소속 종교, 신앙연수, 종교참여 빈도, 신앙동기, 신앙도움	5
종교적 특성	종교성	공적 종교 참여도, 사적 종교 행위, 주관적 종교성	7
	종교적 동기	개인적 비본질적 종교성, 사회적 비본질적 종교성	9
심리적 적응	장애수용 정도	자기만족, 장애를 특출하게 여기지 않는 것, 보상적 행동의 질	9
	배우자적응	부부만족도, 부부일치도, 부부결합도, 애정표현	27
	정신건강(스트레스 & 우울)	불량한 정신건강, 양호한 정신건강 & 우울 정도	41

2. 변수의 개념적 정의

1) 종교적 특성

본 연구에서는 종교적 특성을 두 가지 영역으로 제한하였다.

(1) **종교성은** 신앙심의 정도를 나타내는 개념이다. 즉 종교에 대한 투신(commitment)이 어느 정도인가를 보기 위한 것으로 본 연구에서는 '공적 종교 참여도(religious attendance)'와 '사적 종교행위', 그리고 '주관적 종교성(subjective religiosity)'을 포함하였다. '공적 종교 참여도'는 일정한 종교적 의례나 집단활동에 참여하는 빈도를 나타내는 것이고, '사적 종교행위'는 기도·묵상·참선 또는 교리서적 읽기 등의 개인적 종교 의례를 나타낸다. 그리고 '주관적 종교성'은 자신에게 종교가 얼마나 중요한가에 대한 판단과 스스로 생각하는 종교적 신념의 정도를 가리킨다.

(2) 종교적 동기(orientation, 지향)는 개인적 비본질적 / 사회적 비본질적 종교성과 같이 두 가지로 분류하며, 이는 신앙의 목적을 나타내준다. 이 개념에 대해서는 다양한 정의가 이루어지고 있으나, 본 연구에서는 국내 연구에서 밝혀진 결과에 준하여 다음과 같이 정의하였다. '개인적 동기(개인적 비본질적 종교성)'는 '평화·안락·위안·보호와 같은 개인의 정서적 이익을 지향하는 종교성'이며, '사회적 동기(사회적 비본질적 종교성)'는 종교 단체를 통해 친교의 기회·사회적 지위의 획득·사업의 안정 등의 사회적 목적을 지향하는 종교성'을 말한다.[1]

---

1) 한국 상황에서는 개인적 비본질적 종교성과 본질적 종교성이 같은 맥락에서 이해되며, 본질적 종교성의 척도 자체가 큰 신뢰도를 보이지 않았다는 정순일, 한내창 (1997)의 연구결과에 따라 본 연구에서는 종교적 동기를 개인적 비본질적 종교성

2) 심리적 적응은 장애인이 갖고 있는 심리적 문제를 해결하는
것으로 본 연구에서는 세 가지 영역으로 제한하여 사용하였다.

(1) 장애수용이란 자신의 장애를 가치저하 하지 않고 받아들이는 것
을 의미한다. 즉 장애를 불편하고 제한을 주는 것이라고 인정하
고 가능한 한 그 상태보다 나아지려고 노력하며 장애를 감추기
위한 긴장과 수치심으로 괴로움을 겪지 않는 것을 말한다.

(2) 배우자적응이란 부부 상호간에 기대되는 행동이나 관심사에 대한
갈등 및 불일치 등을 해결하면서 결혼에서 기대되는 행동을 충족
시켜 나가는 과정으로 중도장애인이 지각하는 배우자에 대한 적응
을 말한다.

(3) 정신건강이란 스트레스를 한 개인이 어떻게 지각하고 평가하
며 어떻게 대처하는가 하는 적응의 문제와 연결되는 것으로
본 연구에서는 스트레스와 우울의 정도를 측정한다.

Ⅲ. 연구대상 및 표집 방법

본 연구는 성인장애인들 중에서 결혼생활과 사회적 경험[2])을 가진
이후 사고나 재해, 질병 등으로 생의 중간에 장애인이 되어서 신체적
능력에 제한(disability)을 받게 된 사람들 혹은 사회적 불리(handicap)

과 사회적 비본질적 종교성으로 정의하였다.
2) 사회적 경험이란 가정을 떠나 사회에서의 집단생활이나 직장생활의 경험을 말한다.
따라서 청년기 이후의 모든 사회적 경험을 포함한다.

에 처한 기혼 장애인으로서 질문지를 읽고 응답할 수 있고 의사소통이 가능하며, 연구의 목적을 이해하고 연구 참여를 수락한 사람을 대상으로 하였다.

일반적으로 종교를 가진 자들에 비해 종교가 없는 자들이 심리적 부적응, 불균형과 불안(anxiety)을 보일 수 있으나, 소속한 종교의 차이에 따라서도 그 정도가 달라지는 성향이 있다(Ebaugh et al., 1984)고 하였다. 즉 각 종교들은 초월적 대상을 가지고 위기나 고통의 상황에서 사람들에게 의미를 부여해 준다는 점에서는 공통되나, 종교적 신념의 내용에 차이가 나므로 사건들을 이해하는 방식에 있어서 각기 다른 입장을 보이기 때문에 본 연구에서는 종교의 종류를 기독교 즉 개신교와 천주교로 제한하였다.

서울, 경기지역에 거주하는 장애인들 가운데 본 연구를 위한 표본을 추출하기 위해서는 원칙적으로 확률표본추출방법(probability sampling)이 사용되어야 하나 장애인들에 대한 표집 틀 확보의 어려움으로 인하여 설문대상자에 대한 접근성에 한계가 있음을 감안하여, 본 연구에서는 표본의 대표성보다는 조사의 현실적 여건을 감안하여, 비확률표본추출방법(non-probability sampling)가운데 하나인 임의표본추출방법(convenient sampling)을 사용하였다. 구체적으로는, 서울과 경기지역에 소재하는 재활병원, 장애인관련단체, 장애인복지관 내 전문가의 협조를 얻어 장애인들로 하여금 설문에 응답하도록 하는 방식을 사용하였다.

이와 같은 표본추출방법은 전체 모집단을 적절히 대표하지 못하는 것이 사실이나, 그럼에도 불구하고 제한된 범위 내에서 매우 유용한 자료를 제시케 하는 방법이라고 볼 수 있다.

본 연구를 위한 예비조사는 서울에 소재하고, 성인중도장애인을 대상으로 프로그램을 진행하고 있는 S장애인복지관과 장애인관련단체 각 1곳을 임의로 선정하여 중도지체장애인 30명을 대상으로 2002년 12월 초에 실시하였으며, 예비조사 과정에서 발견된 설문의 문항 가운데 표현이 어색하고 부적절한 용어들을 수정하였다.

본 조사는 2002년 12월 말부터 2003년 2월까지 총 200부의 자기기입식 설문지를 배포하였다. 서울과 인천지역에 소재하고 있는 재활병원 3곳에 50부, 서울과 수원지역에 소재하고 있는 2개의 장애인 관련단체에 40부, 그리고 서울과 인천지역의 장애인복지관 중에서 성인장애인을 대상으로 서비스를 실시하고 있는 8개 기관에 100부를 배포하였다. 그리고 연구자 주변에서 중도에 장애를 입은 자들을 찾아내어 직접 설문 조사하고 이들의 소개로 만난 대상자들을 포함하여 10부의 설문자료를 수집할 수 있었다. 표본의 특성을 조금씩 다르게 한 이유는 각 집단이 갖는 특수성을 배제하기 위해서였다. 자료수집은 표집 기관들의 협조하에 자료수집을 관리하는 훈련받은 조사원들을 배치하여 기관을 이용하는 장애인들로 하여금 직접 응답하도록 지도하였고 필요한 경우에는 조사원이 설문에 답할 수 있도록 도와주었다. 총 200부를 배포하여 150부를 수거하였으나 응답이 성실하지 못하고 누락된 문항이 많은 설문지 9부, 조사 대상자가 중도장애인이 아닌 설문지 5부, 배우자와 이혼 혹은 사별한 대상자의 설문지 15부, 그리고 대상자의 종교가 기독교가 아닌 설문지 9부를 제외한 112부만을 통계분석에 사용하였다.

Ⅳ. 측정도구

본 연구의 주요 개념들을 측정하는 데 사용될 측정도구에 대해 살펴보면 다음과 같다.

1. 측정도구

1) 종교적 특성

종교적 특성 변인은 2개의 하위범주로 분류하였다.

(1) 종교성은 교리나 기도에 개인적으로 투신하는 사적인 종교성과 의례나 모임 활동 등에 참여하는 빈도 중심의 공적인 종교성, 그리고 개인이 주관적으로 판단한 종교성의 정도 등으로 구성된 주관적 종교성의 문항들로 이루어 졌으며, 총 7문항을 모두 4점 척도로 물었다. 각 문항별 질문에 대해 '정말 그렇다', '대체로 그렇다', '별로 그렇지 않다', '전혀 그렇지 않다'로 응답하게 하여 각각 4점에서 1점까지의 점수를 주어 계산하였다[3]. 따라서 점수가 높을수록 종교성이 높고 점수가 낮을수록 종교성이 낮다고 해석한다. 각 문항들은 박혜정(1999)의 연구에서 이용한 척도로서 신뢰도를 검증한 결과, .87로 나타났으며, 요인분석을 통해 종교성의 변인으로 구성한 것이다.
종교성의 하위영역별 문항구성은 다음과 같다.

① 공적인 종교성: Ⅱ-13-1,3,6
② 사적인 종교성: Ⅱ-13-2,7
③ 주관적 종교성: Ⅱ-13-4,5

(2) 종교적 동기는 개인적 동기(개인적 비본질적 종교성)와 사회적 동기(사회적 비본질적 종교성)로 나누어 질문하였다. 각 문항들은 정순일, 한내창(1997)의 연구에서 이용한 척도를 박혜정(1999)이 이들

---

3) 3문항과 7문항은 역산하는 항목이다.

의 연구결과를 반영하고 요인 분석하여 본질적 종교성 요인의 변인과 비본질적 종교성 요인의 변인으로 재구성한 것인데 여기에서 본질적 종교성은 엄밀히 말하여 개인적 비본질적 종교성 요인이므로 본 연구에서는 실질적인 문항 내용에 따라 본질적 종교성을 개인적 비본질적 종교성으로, 비본질적 종교성은 사회적 비본질적 종교성으로 개칭하였다. 총 9문항을 모두 4점 척도로 물었으며, 박혜정(1999)의 연구에서 신뢰도를 검증한 결과, 개인적 비본질적 종교성의 경우에는 .83, 사회적 비본질적 종교성은 .82를 보였다.

종교적 동기(성향)의 하위영역별 문항구성은 다음과 같다.

① 개인적 동기(개인적 비본질적): Ⅱ-12-1,2,3,5,6
② 사회적 동기(사회적 비본질적): Ⅱ-12-4,7,8,9

2) 심리적 적응

심리적 적응 관련 변인은 3개의 하위범주로 분류하였다.

(1) 장애수용 정도를 측정하기 위해서 Kaiser, Wingate, Freeman과 Chandler(1987) 등이 Linkowski(1971)의 장애수용 척도에서 간추려 구성한 척도를 조아라(1997)가 번안한 도구를 본 연구에서 사용하였다. 원 척도는 각 구인을 체계적으로 측정한 것이 아니라는 비판을 받고 있어(Keany & Glueckauf, 1993) 본 연구에서 사용하는 척도는 Kaiser 등(1987)이 Linkowski(1971)의 원 척도를 요인 분석하여 나타난 3가지 요인에서 각 요인마다 부하량이 높은 3문항씩을 뽑아서 제작한 것으로, 이 9문항에 대해 5점 척도상에 표시한 총점이 높을수록[4] 장애수용 정도가 높은 것을 의미한다. 각 요인은 자기만족(self-satisfaction), 장

―――――――――――――――――――

4) 3, 4, 5, 6문항은 역산하는 항목이다.

애를 특출하게 여기지 않는 것(De-Emphasis on Disability Salience), 보상적 행동의 질(Compensatory Behavioral Qualities)로 명명되며, 조아라(1997)의 연구에서 나타난 척도의 신뢰도는 .73이었다.

장애수용의 하위영역별 문항구성은 다음과 같다.

① 자기만족: Ⅲ-1, 2, 3
② 장애를 특출하게 여기지 않는 것: Ⅲ-4, 5, 6
③ 보상적 행동의 질: Ⅲ-7, 8, 9

(2) 배우자적응 측정은 Spanier(1976)가 부부나 또는 다른 친밀한 2인간의 적응을 측정하기 위하여 고안한 Dyadic Adjustment Scale(DAS)을 번역하여 수정·보완한 전길량(1988)의 "부부적응척도"를 사용하였다. DAS는 4개의 하위영역, 즉 부부만족도(Dyadic Satisfaction), 부부일치도(Dyadic Consensus), 부부결합도(Dyadic Cohesion), 애정표현(Dyadic Affection) 등으로 구성되어 총 32문항으로 이루어졌으나 전길량(1988)의 연구에서 우리나라의 문화적 배경에 적절하지 않다고 생각되는 문항을 일부 제거, 수정·보완하여 전체 27문항으로 구성된 도구로서 전길량(1988)의 연구에서 신뢰도 검사결과 .91로 나왔다. 각 문항은 0점에서 5점의 범위로 점수화하며[5], 점수가 높을수록 적응을 잘하는 것으로 간주한다.
Dyadic Adjustment Scale은 1970년대의 결혼관계 연구에서 개념적인 명료화에 기여함으로써 가족의 질에 관한 연구에 혁신적인 기여를 했다는 평을 받고 있으며(Spanier, G. B. & Lewis, R. A., 1980), 우리나라에서도 김득성(1986), 강은령(1989), 조은숙(1990), 김혜선(1992) 등이 Dyadic Adjustment Scale로 한국 부부의 부부적응을 측정한 바 있다.

---

5) 19문항은 역산하는 항목이다.

배우자적응의 하위영역별 문항구성은 다음과 같다.

① 부부일치도: Ⅳ-1-3, 5, 7-13 문항으로 가정의 금전관리·자녀
양육·가사처리 및 주요 결정 등의 내용을 포함한다.
② 부부만족도: Ⅳ-14-20, 24 문항으로 이혼이나 별거, 결혼에
대한 후회 등의 고려 여부 및 전반적인 결혼관계에 대한 만
족의 정도를 포함한다.
③ 부부결합도: Ⅳ-23, 25-27 문항으로 부부간의 결합력, 공동의
활동참여 정도나 함께 이야기하고 의논하는 정도의 내용을
포함한다.
④ 애정표현: Ⅳ-4, 6, 21, 22 문항으로 배우자로부터 받는 애정
표시나 성생활에 대한 의견을 포함한다.

(3) 정신건강 척도로서 중도장애인의 우울 측정을 위해서 Beck의
우울 척도(Beck Depression Inventory: BDI)를 사용하였다. 이 도구는
정신과적 진단에 상관없이 우울의 심도를 측정하기 위하여 고안된
것으로 인지적, 정서적, 신체적 그리고 행동적 증상들을 포함하는 21
개 문항으로 이루어진 자기보고형 척도로서 정도에 따라 기술되어
있는 4개의 문항 중의 하나를 선택하게 되어 있다. 각 문항마다 0점
에서 3점까지의 점수가 주어지게 되고 따라서 점수는 0점에서 63점
까지가 된다. 이 도구는 한홍무 등(1986)에 의해 우리나라에서 표준
화 연구가 된 것으로 본 연구에서는 한홍무 등(1986)의 제안에 따라
총 63점 중에서 21점을 기준으로 우울군과 정상군을 구분하고, 점수
가 높을수록 우울 정도가 높은 것을 의미한다. 본 연구에서는 BDI
수정판(Beck 1976)을 이영호와 송종용(1991)이 번안한 것을 사용하
였다.

스트레스 수준을 측정하기 위해서 본 연구에서는 정신건강과 스트레

스를 상호 연관된 틀에서 파악하여 개발된 도구로서 Robert F. Osterman 과 Rodolfo E. Gutierrez가 공동 설계한 것을 사용하였다. 원척도는 불량한 정신건강 요인, 양호한 정신건강 요인, 직무상 스트레스 요인, 직무상 지원 요인, 사회적 스트레스 요인, 사회적 지원 요인, 개인적 스트레스 요인, 개인적 지원 요인 등 각기 25개 문항의 총 200문항으로 이루어진 8개 요인을 측정할 수 있는 도구인데 본 연구에서는 불량한 정신건강 요인에서 10문항, 양호한 정신건강 요인에서 10문항을 선택하여 총 20문항으로 재구성하여6) 사용한 은보경(1999)의 척도(척도의 내적 일치도는 .87)를 사용하였다. 그 이유는 대상자의 특성을 고려할 때 이 문항들이 중도장애인의 심리적 재활의 하위영역인 스트레스 수준을 측정하기에 적합하다고 생각되었기 때문이다.

2. 척도의 신뢰도

본 연구에서 사용된 척도들의 문항 간 내적 일관성을 검증하기 위해 신뢰도를 산출하였으며 <표 Ⅲ-2>에서 보는 바와 같이 장애수용의 하위영역인 자기만족의 .6075를 제외하고는 모든 척도들의 신뢰계수(Cronbach's α)가 비교적 높은 내적 일관성을 유지하는 것으로 나타났다. 산출된 신뢰계수를 제시하면 <표 Ⅲ-2>와 같으며 척도를 구성하고 있는 해당 설문문항은 <부록2>에 제시하였다.

---

6) V-3, 4, 7, 8, 11, 12, 13, 14, 19, 20문항은 역산하는 항목이다.

〈표 Ⅲ-2〉 척도들의 신뢰계수

이론변인	측정변인	문항 수	신뢰도 계수
종교성	종교성	7	0.7705
종교적 동기	개인적 동기	5	0.7390
	사회적 동기	4	0.7483
배우자적응	부부일치도	11	0.8882
	부부만족도	8	0.8384
	부부결합도	4	0.7442
	애정표현	4	0.8334
장애수용	자기만족	3	0.6075
	장애를 특출하게 여기지 않는 것	3	0.7686
	보상적 행동의 질	3	0.7737
스트레스	스트레스	20	0.8384
우 울	우 울	21	0.9278

V. 자료 분석 방법

　본 연구의 자료를 분석하기 위해 SPSS / PC +10.0를 사용하였다. 각각의 분석 방법에 대해 살펴보면 다음과 같다.

　첫째, 연구대상자의 인구사회학적 특성, 장애관련 특성, 종교적 특성에 관한 전반적인 파악을 위하여 빈도, 백분율 등을 알아보는 기술적 분석을 실시하였다.

　둘째, 연구대상자의 일반적 특성에 따라 집단 간에 주요 측정변수들의 차이가 유의미한지를 알아보기 위해 t검증과 F검증을 실시하였다.

　셋째, 연구질문 분석을 위해 상관관계 분석 및 다중 회귀분석

(Multiple Regression Analysis)을 실시하였다.

마지막으로, 측정도구의 신뢰도 검증을 위해 Cronbach's α를 실시하였고 전체 분석의 유의수준은 $p < .05$ 수준으로 하였다.

제 4 장 연구결과

I. 연구대상의 일반적 특성

연구대상의 일반적 특성으로 인구사회학적 측면에서는 연령, 성별, 소득수준, 교육수준, 현재 직업유무 등을 보았고 장애관련 특성으로는 장애등급과 장애기간, 장애 정도, 일상생활에서 가장 도움을 주는 사람, 그리고 종교관련 특성으로는 대상자와 배우자의 종교, 신앙연수, 종교참여 빈도, 신앙동기, 그리고 신앙생활에 도움이 되는 것이 무엇인지를 살펴보았다.

1. 연구대상의 인구사회학적 특성

조사 응답자들의 인구사회학적인 배경의 특성들은 <표 Ⅳ-1>과 같이 나타났다. 우선 조사 대상자들의 성별분포를 보면 남성은 85명으로 75.9%, 여성은 27명으로 24.1%를 차지하여 남성 : 여성의 비율이 약 3 : 1로 나타났다. 연령은 40세 이상 – 60세 미만이 71명으로 63.4%로 반수 이상을 차지하였으며, 60세 이상이 28명으로 25.0%를 나타내고 있다. 따라서 조사 대상자의 연령은 40세 이상이 88.4%로 대부분을 차지하고 있다. 조사 대상자들의 사회경제적 상태를 알 수 있는 최종학력과 가족의 월평균 소득, 고용상태를 차례로 살펴보면 다음과 같다. 최종학력의 경우 응답자의 반 이상인 68.7%가 고등학교 졸업 이상의 학력을 소지하고 있는 것으로 나타나 대체로 높은 학력분포를 보였다. 반면에 대상자의 가족 월평균 소득을 보면, 응답자의 과반수인 50.0%가 100만 원 이하의 저소득 가정임을 알 수 있다. 소득과 더불어 대상자들의 고용상태를 살펴보면 우리나라 성인 중도지체장애인들의 사회경제적 상태를 분명히 파악할 수 있는데 응답자의 대다수인 80.4%가 직업이 없는 것으로 나타났다.

<표 Ⅳ-1> 대상자의 인구사회학적 특성

N=112(단위: 명)

인구사회학적 특성		빈 도	%
성 별	남 자	85	75.9
	여 자	27	24.1
연 령	30세 미만	2	1.8
	30세 이상-40세 미만	11	9.8
	40세 이상-50세 미만	36	32.1
	50세 이상-60세 미만	35	31.3
	60세 이상	28	25.0
학 력	무학	1	0.9
	초등학교 졸업	7	6.3
	중학교 졸업	17	15.2
	고등학교 졸업	37	33.0
	대학교 졸업	36	32.1
	대학원 이상	4	3.6
	무응답	10	8.9
소 득	50만 원 이하	29	25.9
	51만 원-100만 원 이하	27	24.1
	101만 원-200만 원 이하	35	31.3
	200만 원 초과	19	16.9
	무응답	2	1.8

인구사회학적 특성		빈 도	%
고용상태	없음(일을 찾고 있는 것 포함)	90	80.4
	고용(상시 및 시간제)	10	8.9
	자영업	9	8.0
	무응답	3	2.7

2. 연구대상의 장애관련 특성

본 연구대상자들의 장애관련 특성은 <표 Ⅳ-2>와 같다. 먼저 대상자들의 장애급수는 41.1%가 1급으로 등록된 장애인이었고 4급 이상은 5.4%의 낮은 비율을 나타내었다. 장애 발생 이후 현재까지(2002년 12월 기준)의 경과된 시간을 의미하는 장애기간은 10년 이상이 33.9%로 가장 많았으며 그 다음이 2년 미만으로 24.1%를 차지하였고, 2년 이상－5년 미만이 20.5%, 5년 이상－10년 미만이 19.6%를 각각 차지하여 대상자의 장애기간은 비교적 고른 분포를 보이고 있음을 알 수 있다. 장애 정도를 묻는 질문에는 '일상생활을 하기 위해서는 다른 사람의 도움을 필요로 한다'고 응답한 사람이 69.6%를 차지하였고 '스스로 일상생활이 거의 가능하다'고 응답한 사람은 28.6%를 차지하여 대상자 가운데 많은 사람들이 다른 사람의 도움을 필요로 하고 있음을 알 수 있다. 일상생활에서 가장 도움을 주는 사람이 누구인지를 묻는 질문에서 배우자(69.6%), 자녀(8.9%), 기타(2.7%), 동사무소와 없다(1.8%)의 순으로 나타나 대상자의 4분의 3 이상이 가족의 보호에 의존하는 것을 알 수 있고 특히 배우자가 절대적인 다수를 차지하고 있다. '친척'에 의한 비공식적인 지원과 '장애인 단체, 동사무소' 등으로부터의 공식적인 사회적 지원을 거의 받고 있지 못함을 알 수 있다. 특히 종교를 가진 중도장애인의 경우에도 종교단체로부터 도움을 받는다고 응답한 사람은 0.9%에 불과했다.

<표 Ⅳ-2> 대상자의 장애관련 특성

N=112(단위: 명)

장애관련 특성		빈 도	%
장애급수	1급	46	41.1
	2급	36	32.1
	3급	17	15.2
	4급	2	1.8
	5급	2	1.8
	6급	2	1.8
	무응답	7	6.3
장애기간	2년 미만	27	24.1
	2년 이상-5년 미만	23	20.5
	5년 이상-10년 미만	22	19.6
	10년 이상	38	33.9
	무응답	2	1.8
장애 정도	스스로 일상생활이 거의 가능하다	32	28.6
	다른 사람의 도움이 조금 필요하다	44	39.2
	다른 사람의 도움이 절대 필요하다	34	30.4
	무응답	2	1.8
도움을 주는 사람	배우자	78	69.6
	자 녀	10	8.9
	친 척	1	0.9
	종교단체	1	0.9
	간병인(유료, 무료)	1	0.9
	장애인단체	1	0.9
	동사무소	2	1.8
	없 다	2	1.8
	기 타	3	2.7
	무응답	13	11.6

3. 연구대상의 종교관련 특성

본 연구 조사 대상자들의 종교관련 특성은 <표 Ⅳ-3>과 같다. 대상자들의 종교는 기독교계(개신교와 가톨릭)로 제한하였는데 개신교가 67.0%, 가톨릭이 33.0%로 개신교 : 가톨릭의 비율이 약 2 : 1의 분포를 보이고 있다. 배우자의 종교는 개신교 54.5%, 가톨릭 23.2%, 무교 15.2%, 불교 1.8%의 순으로 나타나 배우자 역시 기독교가 대부분을 차지하고 있다. 응답자와 배우자의 종교가 모두 기독교 계통인 집단을 부부간 종교일치집단으로, 응답자의 종교는 기독교이나 배우자의 종교가 무교이거나 불교 혹은 기타인 집단을 부부간 종교불일치집단으로 나누어 살펴본 결과 본 연구 응답자의 대부분인 77.7%가 부부간에 종교가 일치하는 것으로 나타났다. 소속 종교기관에의 출석빈도를 알아본 결과 매주 1회 이상 참여한다고 응답한 사람이 전체의 69.7%를 차지하고 있으며, 신앙의 기간은 10년 이상으로 답한 자가 60.8%를 차지하고 있다. 신자가 된 동기는 '가족의 권유'가 33.0%로 가장 많았으며, '마음의 안정을 위해서', '영혼을 구하고자', 그리고 '삶의 허무함을 체험했기에' 등이 27.7%를 차지해 중도장애인들의 가족이 갖는 심리적 부담감과 대상자들이 종교로부터 심리적인 위안을 얻고자 하는 의지를 나타내고 있다. 자신의 신앙생활에 도움을 주는 것으로는 기도와 묵상 등이 36.6%로 나타났고, 성직자의 강론이 21.4%, 성직자, 수도자, 종교인과의 만남이 11.6%, 종교모임 및 활동이 9.8%를 보였다. 대상자들이 공적이고 사적인 종교활동을 통해 신앙생활에 도움을 받고 있는 것을 알 수 있다.

<표 Ⅳ-3> 대상자의 종교관련 특성

N=112(단위: 명)

종교관련 특성		빈 도	%
종 교	개신교	75	67.0
	가톨릭	37	33.0
배우자 종교	개신교	61	54.5
	가톨릭	26	23.2
	불 교	2	1.8
	무 교	17	15.2
	기 타	2	1.8
	무응답	4	3.6
교회, 성당 출석 빈도	매주 4회 이상	18	16.1
	매주 2-3회	33	29.5
	매주 1회	27	24.1
	매월 2-3회	11	9.8
	기 타	19	17.0
	무응답	4	3.6
신앙경력	4년 미만	22	19.6
	4년 이상-10년 미만	20	17.9
	10년 이상-20년 미만	33	29.5
	20년 이상	35	31.3
	무응답	2	1.8
신자가 된 동기	가족의 권유	37	33.0
	친구, 친척의 권유	13	11.6
	성직자, 수도자, 종교인의 권유	10	8.9
	매스컴의 영향	0	0.0
	종교활동에 참여하고 싶어서	2	1.8
	교회 / 성당이 가까워서	2	1.8
	종교의 신성함에 끌려서	5	4.5
	삶의 허무함을 체험했기에	1	0.9
	마음의 안정을 위해서	25	22.3

종교관련 특성		빈 도	%
신자가 된 동기	영혼을 구하고자	5	4.5
	기 타	5	4.5
	무응답	7	6.3
신앙생활에 가장 도움이 되는 것	매스컴(출판물, 영화, TV 등)	1	0.9
	기도 / 묵상	41	36.6
	종교 모임 및 활동	11	9.8
	성직자, 수도자, 종교인과의 만남	13	11.6
	교리공부	4	3.6
	세미나, 피정, 강습회 등 참석	1	0.9
	성직자의 강론	24	21.4
	기 타	7	6.3
	무응답	10	8.9

Ⅱ. 연구대상의 일반적인 특성에 따른 측정변인과의 관계분석

　연구대상의 특성에 따라 측정변인별로 차이가 있는지를 살펴보고자 t검증과 F검증을 실시한 결과 통계적으로 유의미한 결과를 제시하면 다음과 같다.

1. 연구대상의 일반적인 특성에 따른 종교적 특성의 차이

1) 종교성

본 연구의 대상인 기독교 계통의 종교를 가진 중도지체장애인의 종교성은 가족의 월평균 소득과 장애기간에 따라 차이를 나타내었다. <표 Ⅳ-4>를 보면, 대상자의 인구사회학적인 변인 중에서는 가족 월평균 소득이 대상자의 사적 종교성에 차이를 주는 요인으로 나타났다. 구체적으로 월 소득이 51만 원-100만 원 이하인 경우 사적 종교성의 평균이 6.00으로 가장 높은 것으로 조사되었고, 소득이 101만 원-200만 원 이하인 경우에는 사적 종교성의 평균점수가 5.17로 나타나 소득이 50만 원 이하일 때의 점수(5.23)보다 더 낮은 것으로 조사되었다. 그러나 소득이 200만 원 초과가 되면 다시 사적 종교성이 높게 나타났다. 대상자 가족의 월 소득은 대상자의 공적 종교성과 주관적 종교성의 평균값에는 유의미한 차이를 주지 않는 것으로 나타나고 있다.

대상자의 장애기간에 따라서도 종교성에 차이가 있는 것으로 조사되었는데, 특히 공적 종교성과 주관적 종교성에 차이를 주는 것으로 나타났으며, 사적 종교성은 통계적으로 유의미한 차이를 나타내지 않았다. 먼저 대상자의 공적 종교성을 보면 장애기간이 길어질수록 평균값이 증가하여 장애기간이 길어질수록 공적 종교성이 높은 것을 알 수 있다.

다음은 대상자의 장애기간에 따른 주관적 종교성을 살펴보면, 장애기간이 5년-10년 미만인 경우가 평균 6.65로 가장 높은 것으로 조사되었고, 장애 발생 후 경과시간이 2년 미만이 되는 집단이 5.79

로 가장 낮은 평균을 제시하였다. 이러한 결과는 장애 발생 후 5년
-10년 사이에 종교의 필요성을 가장 높게 인식하고 있으며 이는 대
상자들이 장애를 수용해 가는 과정에서 종교의 교리를 열심히 믿고
종교의 중요성을 높게 인식하고 있음을 말해 주고 있다.

<표 Ⅳ-4> 중도지체장애인의 일반적인 특성에 따른 종교성의 차이

변 인	구 분	공적 종교성		사적 종교성		주관적 종교성	
		평 균	표준편차	평 균	표준편차	평 균	표준편차
소득구분	50만 원 이하	8.30	2.003	5.23	1.198	6.24	1.350
	51-100만 원 이하	8.68	1.804	6.00	1.255	6.68	1.471
	101-200만 원 이하	8.32	1.992	5.17	1.447	6.31	1.473
	200만 원 초과	8.35	1.853	5.60	1.190	6.31	1.320
	F값(P)	0.304(0.823)		3.387(0.020)		0.736(0.532)	
장애기간	2년 미만	7.34	1.658	5.21	1.388	5.79	1.409
	2-5년 미만	8.48	1.922	5.27	1.376	6.53	1.502
	5-10년 미만	8.69	1.809	5.93	1.163	6.65	1.460
	10년 이상	8.87	1.868	5.52	1.229	1.658	1.254
	F값(P)	5.240(0.002)		2.434(0.067)		2.955(0.034)	

2) 종교적 동기

본 연구대상자의 종교적 동기는 장애기간에 따라 차이를 나타내었
다. <표 Ⅳ-5>를 보면, 대상자의 장애관련 변인 중에서 장애기간이
대상자가 종교를 믿는 목적 가운데 개인적 동기에 차이를 주는 요인
으로 나타났다. 구체적으로 장애기간이 5년-10년 미만인 경우가 평
균 16.95로 가장 높은 것으로 조사되었고, 장애 발생 후 경과시간이
2년 미만이 되는 집단이 15.61로 가장 낮은 평균을 제시하였다. 그
러나 장애기간은 대상자의 사회적 동기 평균값에는 차이를 주지 않

는 것으로 나타났다.

〈표 Ⅳ-5〉 중도지체장애인의 일반적인 특성에 따른 종교적 동기의 차이

변 인	구 분	개인적 동기		사회적 동기	
		평 균	표준 편차	평 균	표준 편차
장애기간	2년 미만	15.61	2.616	10.59	2.536
	2-5년 미만	15.81	2.638	10.85	2.819
	5-10년 미만	16.95	2.375	10.71	2.690
	10년 이상	16.87	2.288	11.03	2.834
	F값(P)	3.070(0.030)		0.226(0.878)	

2. 연구대상의 일반적인 특성에 따른 심리적 적응의 차이

연구대상의 일반적인 특성에 따라 심리적 적응에 차이가 있는지를 살펴보고자 t검증과 F검증을 실시한 결과는 다음과 같다.

1) 장애수용

중도지체장애인의 배경적 특성에 따라 대상자의 장애수용에 차이가 있는지를 살펴본 결과, 대상자의 학력, 가족 월평균 소득, 고용상태, 장애 정도, 장애기간 등에 따라 장애수용에 차이가 있어 장애인의 심리적 문제의 하나인 장애수용에 있어 연령별로만 유의미한 차이가 있다고 한 연구(이달엽, 1987)와는 다른 결과를 얻었다. <표 Ⅳ-6>을 보면, 대상자의 학력에 따라 장애수용의 하위요인 중에서 장애를 특출하게 여기지 않는 것에서 차이를 발견할 수 있었다. 무학

인 경우 장애를 특출하게 여기지 않는 요인의 평균점수가 9.82로 가장 높게 조사되었고, 초등학교 졸업의 경우에는 5.88로 가장 낮은 평균점수를 나타내었다. 초등학교 졸업 이후부터는 학력이 높아질수록 평균값의 증가를 보여주어, 학력이 높아질수록 장애를 특출하게 여기지 않는 것으로 나타났다. 그러나 대상자의 학력변인은 자기만족과 보상적 행동의 질 요인의 평균값에는 차이를 주지 않는 것으로 나타났다.

중도지체장애인의 가족 월평균 소득 역시 장애수용에 차이를 나타내고 있는데, 특히 자기만족과 보상적 행동의 질 요인에서 차이가 있는 것으로 밝혀졌다. 자기만족과 보상적 행동의 질 모두에서 200만 원 초과의 고소득 집단이 가장 높은 정도의 장애수용을 한 집단으로 분석되었다. 반면 50만 원 이하의 저소득 집단의 경우 가장 낮은 평균을 보여주었다. 또한 100만원까지는 소득이 증가할수록 장애수용의 평균치가 증가한 반면, 101만 원-200만 원 이하 집단에서는 다시 낮아지는 양상으로 나타났고, 200만 원 초과의 고소득으로 갈수록 장애수용의 평균값이 다시 상승하는 것을 알 수 있다.

대상자의 고용상태 역시 장애수용에 차이가 있는 것으로 조사되었는데, 특히 장애를 특출하게 여기지 않는 것에 차이를 보여주었다. 즉 전임제이든 시간제이든 고용되어 직업을 가지고 있는 대상자(9.15)가 직업을 가지고 있지 않는 대상자(6.72)보다 장애를 특출하게 여기지 않는 정도가 높았다.

<표 Ⅳ-6>을 보면, 장애수용은 장애 정도가 심해질수록 평균값에 감소를 보여주어, 장애 정도가 심해질수록 장애수용 정도, 특히 자기만족과 장애를 특출하게 여기지 않는 정도가 감소하는 것을 알 수 있다.

장애기간 역시 대상자의 장애수용 정도에 차이를 주는 배경변인으로 조사되었다. 장애수용의 하위요인 중 장애를 특출하게 여기지 않

는 요인에는 차이가 없는 것으로 조사되었고, 자기만족 및 보상적 행동의 질에는 차이가 있는 것으로 나타났다. 자기만족 및 보상적 행동의 질 모두에서 2년 미만인 경우가 각각 평균 8.36, 11.41로 가장 낮은 것으로 조사되었다. 자기만족요인에서는 장애 발생 후 시간이 경과할수록 자기만족의 정도가 증가하여 5년-10년 미만인 경우에 평균치가 10.36으로 가장 높은 만족도를 나타내었으나 장애기간이 10년 이상으로 장기화될 때 자기만족의 정도가 감소하는 것을 알 수 있다. 한편, 보상적 행동의 질 요인에서는 장애기간이 길어질수록 평균점수가 증가하는 것으로 조사되었다. 이러한 연구결과는 장애 발생 후 경과된 시간이 길고, 나이가 어리고, 부적응적인 대처 전략(예를 들면, 음주, 아무것도 하지 않기 등)을 사용하지 않는 사람들이 장애수용을 잘하는 것으로 나타났다는 Heinemann 등(1988)의 연구결과를 부분적으로 뒷받침해 주고 있다.

〈표 Ⅳ-6〉 중도지체장애인의 일반적인 특성에 따른 장애수용의 차이

변 인	구 분	자기만족		장애를 특출이 여기지 않음		보상적 행동의 질	
		평 균	표준편차	평 균	표준편차	평 균	표준편차
학 력	무 학	9.82	1.888	9.82	2.359	10.91	1.578
	초등학교 졸업	8.12	3.120	5.88	2.667	11.94	2.436
	중학교 졸업	10.06	2.348	6.10	2.329	12.51	2.201
	고등학교 졸업	9.10	2.681	7.14	2.881	12.16	2.447
	대학교 졸업	9.91	2.595	7.18	2.653	12.02	2.375
	대학원 졸업	10.17	3.764	9.33	4.082	12.17	3.430
	F값(P)	1.849(0.106)		4.507(0.001)		0.800(0.551)	

변 인	구 분	자기만족		장애를 특출이 여기지 않음		보상적 행동의 질	
		평 균	표준편차	평 균	표준편차	평 균	표준편차
소득구분	50만 원 이하	8.60	2.724	6.54	2.920	11.60	2.397
	51-100만 원 이하	10.21	2.614	6.71	2.758	12.76	2.189
	101-200만 원 이하	8.98	2.559	7.33	2.643	11.55	2.549
	200만 원 초과	10.84	2.095	8.00	2.723	12.88	2.108
	F값(P)	5.849(0.001)		1.875(0.136)		3.359(0.020)	
고용상태	없음(일을 찾고 있는 것 포함)	9.44	2.692	6.72	2.582	12.12	2.215
	고용(상시 및 시간제)	9.95	2.892	9.15	3.249	12.10	2.693
	자영업	9.83	2.209	7.36	3.139	13.00	2.000
	F값(P)	0.403(0.669)		7.075(0.001)		0.842(0.433)	
장애 정도	스스로 일상생활이 거의 가능하다	10.40	2.548	8.49	3.202	12.36	2.371
장애 정도	종일 다른 사람의 도움이 없으면 일상생활이 어렵다	8.06	3.119	5.71	2.506	11.97	2.189
	F값(P)	9.079(0.000)		16.178(0.000)		0.416(0.660)	
장애기간	2년 미만	8.36	3.305	6.31	2.389	11.41	3.144
	2-5년 미만	9.21	2.346	6.65	2.373	11.76	2.031
	5-10년 미만	10.36	1.953	7.00	2.695	12.20	2.267
	10년 이상	9.81	2.828	7.28	3.155	12.72	1.988
	F값(P)	3.769(0.012)		0.996(0.396)		2.724(0.046)	

2) 배우자적응

대상자의 인구사회학적인 변인 중에서 연령과 최종학력이, 장애관련 변인 중에서는 장애 정도가 배우자적응에 차이를 주는 요인으로 나타났으며, 그 결과는 <표 Ⅳ-7>과 같다. 먼저 대상자의 연령에 따라 배우자적응의 하위요인 가운데에서 부부일치도에 차이가 있는 것으로 조사되었다. 연령이 30세 미만인 경우에 부부일치도의 평균점수는 34.67로 나타났으며 연령이 증가함에 따라 부부일치도의 평균값이 감소하여 40세 이상-50세 미만에서는 평균점수가 32.26으로 가장 낮았으나, 연령이 60세 미만까지 높아짐에 따라 부부일치도가 높아져서 60세 이상이 되면 부부일치도의 평균점수가 39.54로 가장 높은 것으로 조사되었다. 대상자의 연령은 부부만족도, 부부결합도, 애정표현에 차이가 없는 것으로 나타났다. 이러한 결과는 연령이 많아질수록 배우자적응이 계속해서 감소하는 것이 아니라, 중년에 이르러서는 부부생활을 만족스럽게 생각하는 경향이 있어 다시 증가한다고 밝히는 연구들과 일치하고 있는데, 특히 50대 까지는 주부의 연령이 높아질수록 부부적응이 감소하다가 60대 이후에 다시 증가한다고 한 김쟁산(1983) 등의 연구와는 거의 같은 결과를 보여주고 있다. 응답자의 학력도 배우자적응에 차이를 주는 변인으로 조사되었다. 특히 학력은 배우자적응의 하위요인 가운데 부부결합도에 차이를 주는 변인임을 보여주고 있다. 무학의 경우 부부결합도의 점수가 7.29로 가장 낮은 평균을 보여주었고, 초등학교와 중학교 졸업까지는 학력이 높아질수록 부부결합도의 평균치가 증가한 반면, 고등학교 졸업 십단에서는 다시 낮아지는 양상으로 나타났고, 대학교 졸업의 고학력으로 갈수록 부부결합도의 평균값이 다시 상승하여 대학원 졸업 집단의 경우 부부결합도의 평균치가 16.40으로 급증함으로써 가장 높은 부부결합을 보여주고 있다. 대상자의 학력은 부부만족도, 부부일치도, 애정표현에 차이가 없는 것으로 나타났다. 대부분의 부부적응에 관한 연구들은 교육수준이 높은 사람들이 낮은 교육수준의 사람들보다 더 높은 부부적응을 갖는다고 지적하고 있는데 본 연구의 결과는 부분적으로 일치하고 있다.

또한 대상자의 장애 정도에 따라서도 배우자적응에 차이가 있는 것으로 조사되었는데 대상자의 장애 정도에 따라 특히 부부간의 애

정표현에 차이를 나타내고 있으며 부부일치도, 부부결합도, 부부만족
도는 차이를 나타내지 않았다. 구체적으로 살펴보면, 스스로 일상생
활이 거의 가능한 집단의 경우 애정표현의 평균점수가 11.73으로 가
장 높게 나타났으며, 일상생활을 하기 위해서는 다른 사람의 도움이
조금 필요한 집단은 다른 사람의 도움이 없으면 일상생활이 어려운
집단(9.65)보다 더 낮은 9.00으로 가장 낮은 평균치를 제시하였다.
이것은 장애 정도가 심해질수록 부부간에 애정표현이 감소하지는 않
음을 보여주는 결과라고 할 수 있겠다.

〈표 Ⅳ-7〉 중도지체장애인의 일반적인 특성에 따른 배우자적응의 차이

변 인	구 분	부부일치도		부부만족도		부부결합도		애정표현	
		평 균	표준편차	평 균	표준편차	평 균	표준편차	평 균	표준편차
연 령	30세 미만	34.67	7.638	27.00	9.000	12.00	6.557	12.33	6.429
	30-40세 미만	34.07	8.268	26.21	7.618	9.36	3.855	10.40	3.942
	40-50세 미만	32.26	8.795	25.45	7.200	8.79	4.340	8.46	4.160
	50-60세 미만	35.10	10.554	28.94	7.009	9.77	4.923	10.64	5.036
	60세 이상	39.54	8.282	29.97	6.851	10.76	4.499	10.74	4.520
	F값(p)	3.228(0.015)		2.314(0.061)		1.143(0.340)		1.750(0.144)	
학 력	무학	34.71	5.314	24.00	6.377	7.29	3.200	10.00	2.828
	초등학교 졸업	35.20	5.808	26.55	5.007	9.18	3.157	10.50	3.342
	중학교 졸업	37.59	10.338	28.05	8.918	10.68	5.340	9.30	5.536
	고등학교 졸업	34.15	10.541	27.22	7.941	9.17	4.777	9.53	4.830
	대학교 졸업	35.06	7.941	28.26	5.848	9.70	3.644	10.30	4.095
	대학원 졸업	40.83	10.008	34.80	5.263	16.40	2.408	14.40	3.782
	F값(P)	0.789(0.560)		1.481(0.201)		3.176(0.010)		1.182(0.322)	
장애 정도	스스로 일상생활이 거의 가능하다	37.66	8.972	29.03	7.539	11.14	4.028	11.73	4.338

변 인	구 분	부부일치도		부부만족도		부부결합도		애정표현	
		평 균	표준 편차	평 균	표준 편차	평 균	표준 편차	평 균	표준 편차
장애 정도	일상생활을 하기 위해서는 다른 사람의 도움이 조금 필요하다	34.62	8.243	27.12	7.225	9.08	4.795	9.00	4.123
	종일 다른 사람의 도움이 없으면 일상생활이 어렵다	34.14	12.053	27.17	7.152	9.30	4.204	9.65	5.390
	F값(P)	1.562(0.214)		0.888(0.414)		2.912(0.058)		4.682(0.011)	

3) 정신건강

(1) 스트레스

본 연구의 측정변인에 따라 중도지체장애인의 스트레스 수준에 차이가 있는지를 알아본 결과, 대상자의 인구사회학적인 요인으로는 연령과 가족의 월평균 소득에 따라 차이가 있는 것으로 나타났다. 장애 관련 변인으로는 장애 정도가 스트레스의 평균값에 차이를 보였다.

먼저 응답자의 연령은 스트레스 수준에 차이를 주는 변인으로 조사되었다. 30세 이상-40세 미만의 경우 스트레스의 평균치가 5.77로 가장 낮게 나타났으며, 60세 이상의 고령자 집단에서는 가장 높은 평균치인 8.44를 나타내었다.

또한 가족의 월 소득에 따라서도 대상자의 스트레스 수준에 차이가 있는 것으로 조사되었다. 가족의 월평균 소득이 50만 원 이하인 경우 스트레스 평균치가 9.92로 가장 높은 것으로 조사되었고, 200만 원 초과의 고소득 집단에서는 스트레스의 평균값이 4.52로 가장 낮은 점수를 보이고 있다.

대상자의 장애 정도 역시 대상자가 느끼는 스트레스 수준에 차이

가 있는 것으로 조사되었는데, 장애 정도가 경하여 스스로 일상생활
이 거의 가능한 집단의 경우 평균값이 5.30으로 스트레스가 가장 적
은 것으로 조사되었고 반면 종일 다른 사람의 도움이 없으면 일상생
활이 어려운 집단은 평균치가 10.00으로 가장 스트레스가 높은 것을
알 수 있다. 이러한 결과를 보면 대상자가 느끼는 스트레스는 장애
정도가 심해질수록 평균값에 증가를 보여주어, 장애 정도가 심해질
수록 스트레스가 증가하는 것을 알 수 있다. 이러한 결과는 노동력
상실 정도에 따라 산재장애인의 스트레스 수준에 유의한 차이가 나
타난 연구(은보경, 1999)결과와 같은 맥락을 보이고 있다.

<표 Ⅳ-8> 중도지체장애인의 일반적인 특성에 따른 스트레스의 차이

변 인	구 분	스트레스	
		평 균	표준 편차
연 령	30세 미만	6.63	3.815
	30-40세 미만	5.77	3.531
	40-50세 미만	8.07	3.928
	50-60세 미만	5.96	4.093
	60세 이상	8.44	5.400
	F값(P)	2.878(0.025)	
소득구분	50만 원 이하	9.92	5.077
	51-100만 원 이하	6.60	4.207
	101-200만 원 이하	7.10	3.347
	200만 원 초과	4.52	3.728
	F값(P)	9.498(0.000)	
장애 정도	스스로 일상생활이 거의 가능하다	5.30	3.980
	일상생활을 하기 위해서는 다른 사람의 도움이 조금 필요하다	7.63	3.931
	종일 다른 사람의 도움이 없으면 일상생활이 어렵다	10.00	4.927
	F값(P)	13.551(0.000)	

(2) 우 울

중도지체장애인의 우울 수준에 차이를 가져오는 변인으로는 대상자의 연령, 최종학력, 가족의 월평균 소득, 장애 정도가 지적되었다.

먼저 대상자의 우울 수준에 차이를 가져오는 연령변인을 살펴보면, 30세 미만 집단에서는 우울 평균점수가 9.83으로 조사되었고, 60세 이상의 고령자 집단에서는 우울 평균치가 21.73으로 가장 높은 점수를 나타내었다. 장애인의 연령에 따라 우울증에 유의한 의미를 보여 연령이 높아질수록 우울증은 낮아짐을 나타내고 있는 연구들(나동석, 1992 & Robinson, 1983 & Carol, 1991)과는 다소 상반된 결과를 보였다. 그러나 초기 우울감이 시간에 따라 저절로 감소되는 효과는 나타나지 않는다는 연구들(Frank & Elliot, 1987; Shadish 등, 1981)과 일치되는 결과를 보여주고 있으며 이 외에도 장애가 발생한 지 오랜 시간이 지난 후에도 장애인들이 일반인들보다 우울감을 보고하는 경향이 많다는 연구들(Turner & McLean, 1989; Shadish 등, 1981)과 일맥상통하는 결과를 나타내었다.

<표 Ⅳ-9> 중도지체장애인의 일반적인 특성에 따른 우울의 차이

변 인	구 분	우 울	
		평 균	표준 편차
연 령	30세 미만	9.83	7.360
	30-40세 미만	10.21	11.037
	40-50세 미만	18.06	12.269
	50-60세 미만	14.96	11.372
	60세 이상	21.73	13.434
	F값(P)	4.518(0.002)	

변 인	구 분	우 울	
		평 균	표준 편차
학 력	무학	13.27	8.867
	초등학교 졸업	24.06	16.291
	중학교 졸업	20.48	13.830
	고등학교 졸업	17.22	12.643
	대학교 졸업	12.61	8.933
	대학원 이상	8.17	9.847
	F값(P)	3.442(0.006)	
소득구분	50만 원 이하	21.46	14.552
	51-100만 원 이하	17.33	11.981
	101-200만 원 이하	15.76	10.126
	200만 원 초과	10.04	10.630
	F값(P)	4.930(0.003)	
장애 정도	스스로 일상생활이 거의 가능하다	11.19	10.266
	일상생활을 하기 위해서는 다른 사람의 도움이 조금 필요하다	17.11	10.713
	종일 다른 사람의 도움이 없으면 일상생활이 어렵다	27.43	14.270
	F값(P)	21.220(0.000)	

응답자의 학력도 우울 수준에 차이를 주는 변인으로 조사되었는데, 선행연구(황은희, 2001)에서는 중졸 이하인 대상자가 22.39점으로 가장 점수가 높은 것으로 나타났는데 본 연구에서는 최종학력이 초등학교 졸업인 경우 평균치가 24.06으로 무학집단보다 더 높았다. 그러나 초등학교 졸업 이후부터는 학력이 증가함에 따라 대상자의 우울 수준도 점차 감소하여 대학원 이상의 고학력 집단에서는 우울 평균점수가 8.17로 가장 낮게 나타났다. 이러한 결과는 무학인 경우를 제외하면 학력이 증가할수록 대상자가 느끼는 우울 정도가 감소함을 알 수 있게 해 준다. 교육수준과 우울증과의 관계에서 중졸에서 우울증이 높고, 대졸에서 낮은 수준을 나타내어 통계적으로 유의

한 차이가 있음을 보여주고 있는 연구(나동석, 1992)와 거의 일치하는 결과이다. 이러한 결과들은 교육수준이 높을수록 스트레스를 이기기 위해 대처방법을 더 많이 사용하고 대처방법이 많을수록 더욱 현실적인 반응을 하기 쉬우며 감정을 적절히 발산할 수 있으므로 적응력이 강해지기 때문이라고 볼 수 있다(Synder 외, 1977).

또한 가족의 월평균 소득에 따라서도 대상자의 우울 수준에 차이가 있는 것으로 조사되었다. <표 Ⅳ-9>를 보면 가족의 소득이 증가함에 따라 대상자의 우울 평균값이 유의미한 감소를 보여주어, 가족의 월 소득이 증가할수록 대상자의 우울 수준이 감소하는 것을 알 수 있다. 즉 가족의 월평균 소득이 50만 원 이하인 집단의 우울 점수는 21.46으로 가장 높았으며, 가족의 월평균 소득이 200만 원 초과인 집단은 10.04로 가장 낮은 우울 점수를 보이고 있다.

마지막으로 대상자의 장애 정도 역시 우울 수준에 차이가 있는 것으로 조사되었는데, 즉 대상자의 장애 정도가 심해질수록 우울 평균값이 증가하는 것으로 나타나, 장애 정도가 심해질수록 대상자의 우울 정도가 증가하는 것을 알 수 있다. 이러한 결과는 노동력 상실 정도가 우울에 통계적으로 유의미하게 나타난 연구(은보경, 1999), 사회적 기능의 손상 정도가 우울과 관계있다는 연구(Sergio, 1989 & Carol, 1991), 그리고 뇌졸중 남자 환자들은 사회적 기능 제한과 가장으로서의 책임을 이행하지 못하는 죄책감 때문에 심한 우울 반응을 나타내었다는 연구(이인구, 1988) 등과 같은 맥락이라고 볼 수 있다.

Ⅲ. 연구질문 분석을 위한 사전검증

본 연구의 주요 측정변인에 대한 전반적인 응답결과는 <표 Ⅳ-10>과 같다.

종교성의 각 하위영역들의 평균값을 보면 주관적 종교성의 평균값이 3.21로 가장 높고 공적 종교성과 사적 종교성의 평균값은 각각 2.81, 2.75로서 1부터 4까지의 점수 중에서 모두 중간 점수 이상을 보이고 있다. 다음은 개인적 종교 동기의 평균값을 살펴보면 3.28로서 1부터 4까지의 범위에서 중간 점수를 기준으로, 높은 값을 보이고 있다. 사회적 관계를 추구하는 동기에 관한 문항들의 평균값은 2.69이다. 전반적으로 볼 때 조사 대상자들의 사회적 동기보다 종교의 본질을 추구하는 개인적 동기의 평균값이 상대적으로 높아, 자신이 종교를 믿는 목적이 종교를 통하여 위안과 평안을 얻고자 하는 동기가 강하게 나타나고 있음을 볼 수 있다. 배우자적응의 평균점수는 3.06으로 중도지체장애인이 지각하는 배우자에 대한 적응 정도는 일반 부부를 대상으로 한 연구(전길량, 1988)에서보다 낮게 나타났다. 장애수용 점수의 전체 평균은 27.41로서 이것은 이 척도를 고안한 Kaiser(1987)등의 연구결과(34.34)와 장애인을 대상으로 연구한 조아라(1997)의 연구결과(29.16)와 비교해 보았을 때 매우 낮은 수준임을 알 수 있다. 한편, 연구대상자의 스트레스 평균점수는 7.45로서 산재장애인의 스트레스를 측정한 연구(은보경, 1999)에서의 스트레스 평균점수 6.69보다 훨씬 더 높게 나타났다. 중도장애인의 경우 적응과 변화가 필요한 상황에 직면할 때마다 스트레스를 경험하게 되므로 본 연구대상자의 경우에도 다양한 스트레스를 가지고 있음을 알 수 있다. 본 연구대상자의 경우 장애를 입은 기간이 5년 이상 된 대상자가 53.5%가 됨에도 불구하고 스트레스가 높음을 알 수 있다. 즉 중도에 장애를 입은 후 많은 시간과 세월이 지나도 장애인들의 심리적 문제는 해결되지 못하고 있으므로 이를 위한 개입과 서비스가 필요함을 알 수 있다. 마지막으로 대상자들의 총 우울 점수는 평균 17.96으로 우리나라 정상인의 평균 우울 점수 12.7과 비교할 때(한홍무 외, 1986) 본 연구대상자의 우울 정도가 매우 높음을 알 수 있다. 장애인의 우울을 비수용적인 사회환경과 상호 작용하는 속에서 학습된 반응으로 생각하는 학습된 무기력 이론 관점에서 본다면 이러한 결과는 우리 사회의 사회적 환경이 장애인에 대해 수용적이지 않음을 알게 해 준다.

<표 Ⅳ-10> 주요 변수들의 전반적인 경향

(N=112)

변　수		평　균	표준 편차
종교성	공적 종교성	2.81	1.882
	사적 종교성	2.75	1.281
	주관적 종교성	3.21	1.385
종교적 동기	개인적 동기	3.28	2.470
	사회적 동기	2.69	2.683
장애수용	자기만족	2.94	2.677
	장애를 특출하게 여기지 않는 것	2.30	2.771
	보상적 행동의 질	3.89	2.574
배우자적응	부부일치도	3.18	9.455
	부부만족도	3.47	7.148
	부부결합도	2.37	4.461
	애정표현	2.64	4.657
정신건강	스트레스	7.45	4.615
	우　울	17.96	12.576

본 연구의 독립변수 간 상관관계는 <부록 1>에 제시하였다. 이 수치를 통해 변인들 간의 관련성을 보면 그다지 높은 상관관계를 보이는 변인은 없는 것으로 나타났지만 연구질문 분석을 위한 회귀분석 전의 사전검증으로 다중공선성 여부[1]를 살펴본 결과, VIF 값이 2를 넘어가는 경우가 하나도 없었다. 즉 1~2 사이로 모든 독립변수들 간에 다중공선성에는 문제가 없는 것으로 확인되었다.

Ⅳ. 연구질문 분석

본 연구는 연구질문 분석과정에서 인구사회학적 및 장애관련 배경변인의 영향력을 통제하고자 응답자의 성별, 연령, 학력, 가족의 월소득, 장애 정도, 장애기간을 통제변수로 구성하였다. 이 중 성별, 학력, 장애 정도는 가변인 처리하였다.[2]

종교적 특성에 따른 중도지체장애인의 심리적 적응에 관한 연구질문 분석은 종교적 특성이 중도지체장애인의 심리적 적응에 미치는 영향력을 알아보기 위해 실시되었다. 구체적으로 종교성 및 종교적 동기와 심리적 적응과의 상관관계 및 영향 정도를 분석하였다.

---

1) 다중공선성을 알아보기 위해서는 회귀분석결과에 제공되는 VIF값을 이용하여 수치가 10이하로 나오면 다중공선성에 문제가 없다고 할 수 있다.
2) 본 연구에서 가변인 처리(dummy variable)는 각각의 결과표에(d)로 표시하였다. 가변인 처리한 경우 준거집단은 다음과 같다. 성별(남자=1), 학력(대졸이상=1), 장애 정도(일상생활이 스스로 가능하거나 도움을 조금 필요로 함=1)

1. 종교적 특성이 장애수용에 미치는 영향력

<연구질문 1> 중도지체장애인의 종교적 특성(종교성과 종교적 동기)은 중도지체장애인의 장애수용 정도에 어떠한 영향을 미치는가?

중도지체장애인의 종교적 특성(종교성과 종교적 동기)이 대상자의 장애수용과 어떠한 관계가 있는지를 보고자 상관관계 분석을 한 결과, 공적 종교성과 장애수용 정도는 비교적 높은 상관관계가 있는 것으로 나타났다. 즉 대상자들이 종교적 의례나 모임 및 활동에 열심히 참여할수록 가치관이 변하고 확대되어 신체적인 외모나 능력의 중요성을 덜 느끼고 있음을 알게 해 준다. Wright(1976)는 한 개인이 일상생활과 능력, 그리고 삶의 목표 등에서 의미를 발견할 수 있을 때 가치의 영역이 확대된다고 하였는데 종교를 통하여 가치가 확대됨으로서 신체적 조건만을 강조하는 가치는 감소하게 되어 자기만족이 높아진다. 또한 한 개인의 가치가 신체와 관련된 것 이외에 개인의 능력과 특성에 의해서 결정되기 시작함으로서 보상적 행동의 질이 높아짐을 알 수 있다. 이러한 과정을 거쳐 개인과 장애를 분리하여 생각할 수 있게 되고, 장애를 능력의 단순한 제한이라고 인식하게 되는 것을 알 수 있게 해 준다.

중도지체장애인의 종교적 특성이 장애수용에 미치는 영향을 알아보고자 다중 회귀분석을 실시한 결과, 먼저 세워진 회귀식의 유의성 검정결과(F값 참고) p값이 0.000으로 유의수준(0.05) 보다 작기 때문에 세워진 회귀식은 장애수용을 설명하는 데 유의하였다.

〈표 Ⅳ-11〉 종교적 특성과 장애수용의 상관관계

변 수		장애수용(p값)
종교성	공적 종교성	0.396(0.000)
	사적 종교성	0.165(0.092)
	주관적 종교성	0.127(0.194)
종교적 동기	개인적 동기	0.101(0.317)
	사회적 동기	0.064(0.518)

<표 Ⅳ-12>에 나타난 결과를 살펴보면, 공적 종교성의 점수가 1씩 증가하면 장애수용 점수는 1.708만큼씩 증가하고, 사회적 동기의 점수가 1씩 증가하면 장애수용 점수는 0.504만큼씩 감소한다. 또한, 가족의 월평균 소득이 1 증가하면(즉, 1만 원씩 소득이 증가할수록) 장애수용의 점수가 0.010 증가하게 됨을 알 수 있다. Beta(β)값을 통해 독립변수들의 장애수용에 대한 상대적 기여도를 보면, 공적 종교성(0.547), 사회적 동기(-0.236), 평균소득(0.222)순으로 장애수용에 영향을 많이 주는 것으로 나타났다. 따라서 중도지체장애인의 공적 종교성과 가족의 월평균 소득이 높고, 사회적 동기가 낮을수록 장애수용의 정도가 높음을 의미한다. 이들의 장애수용에 대한 설명력은 32.8%이었다.

이러한 결과는 중도지체장애인들이 종교활동에 열심히 참석하며 시간을 투자할수록 자기만족의 정도가 높아지고 자신의 장애를 특출하게 여기지 않게 되며 보상적 행동의 질이 높아짐을 알 수 있게 해준다. 즉 종교는 좌절의 상황에 의미를 부여하고 극복 가능한 자신감과 희망을 심어주며 긍정적인 사고방식을 갖게 함을 알 수 있다. 종교가 신체적 장애를 영적인 것에 비해 볼 때, 덜 중요한 것이라고 도덕적 규정을 함으로써 개인의 심리적 좌절이나 위기감을 경감시켜

주고 있음을 알 수 있다. 또한 종교는 개인의 부정적인 상황에 새로운 의미를 부여하여 보다 긍정적인 방향으로 극복할 수 있도록 도와주어 중도지체장애인의 장애수용에 긍정적인 영향력을 미치고 있음을 알 수 있다. 또한 본 연구의 이러한 결과는 종교가 있는 경우에 종교단체 참여활동 정도에 따라서만 자아정체감 수준이 유의미하게 차이를 나타내었다는 연구(박재연, 1994)결과와 같은 맥락이라고 할 수 있다.

〈표 Ⅳ-12〉 중도지체장애인의 종교적 특성이 장애수용에 미치는 영향

(n=106)

		장애수용			
		계수(B)	Beta(β)	t값	p값
종교성	공적 종교성	1.708	0.547	4.066	0.000
	사적 종교성	0.034	-0.007	-0.058	0.954
	주관적 종교성	-0.793	-0.170	-1.036	0.304
종교적 동기	개인적 동기	0.237	0.097	0.556	0.580
	사회적 동기	-0.504	-0.236	-2.114	0.038
인구 사회학적 배경	연령	-0.060	-0.108	-1.039	0.303
	학력(d)	1.827	0.142	1.372	0.175
	평균소득	0.010	0.222	2.212	0.031
	장애 정도(d)	1.798	0.123	1.250	0.216
	장애월수	0.011	0.170	1.678	0.098
	성별(d)	-1.646	-0.108	-1.085	0.282
상수항		19.825		3.853	0.000
R^2(Adjusted R^2)		0.427(0.328)			
F값(p값)		4.327(0.000)			

그런데 사회적 동기는 장애수용에 부적인 영향을 미치고 있는 것으로 나타났는데 이러한 결과가 의미하는 것은 중도지체장애인들이

종교생활을 통해 친교의 기회·사회적 지위의 획득·사업의 안정 등의 사회적 목적을 지향하는 종교적인 성향이 강할수록 자신의 장애를 특출하게 여기게 된다는 것이다. 인지적 관점에서 보면, 장애는 자신과 미래, 세상에 대한 부정적 시각의 증거로 기능할 수 있으며, 장애를 부정적으로 보는 사회적 가치관이 이러한 관점을 더 강화할 수 있다고 하였으므로 본 연구의 결과가 의미하는 것은 종교조직 내의 사회환경이 장애를 특출하게 여기지 않는 데 긍정적인 영향을 미치고 있지 못함을 알 수 있다. 또한 종교를 믿는 목적과 종교활동의 결과가 일치하지 않음으로써 자신의 장애를 수용하는 데 부정적인 영향을 받고 있음을 추측할 수 있다. 즉 종교조직 내에서도 장애인에 대한 편견, 그릇된 인식과 차별이 존재하고 있으며, 장애인을 구제대상으로만 여기고 동등한 인격체로서의 인식이 부족하다는 것이다. 이처럼 본질적 종교성(개인적 동기)과 비본질적 종교성(사회적 동기)은 사건으로 인한 스트레스를 완화(buffering)해 주는 역할 및 사건에 대한 이해(해석)에 영향을 주며 각각의 종교성향에 따라 다른 결과들이 나타나는 것을 알 수 있다.

2. 종교적 특성이 배우자적응에 미치는 영향력

종교적 특성에 따른 중도지체장애인의 배우자적응에 관한 연구질문의 분석은 종교적 특성이 중도지체장애인의 배우자적응에 미치는 영향력을 알아보기 위해 실시되었다. 구체적으로 종교성 및 종교적 동기와 배우자적응과의 상관관계 및 영향 정도를 검증하였다.

<연구질문 2> 중도지체장애인의 종교적 특성(종교성과 종교적 동

기)은 중도지체장애인의 배우자적응에 어떠한 영향을 미치는가?

　중도지체장애인의 종교적 특성과 배우자적응 간의 관계를 살펴보고자 단순적률 상관관계 분석을 한 결과, 종교적 동기(개인적 동기와 사회적 동기)와 배우자적응과의 상관관계를 제외하고 종교성의 모든 하위요인들에서 유의미한 상관관계를 나타내었다. 특히 공적 종교성과 사적 종교성이 배우자적응 정도와 높은 상관관계를 보여주고 있다. 주관적 종교성 역시 배우자적응과 유의한 정적 상관관계가 있는 것으로 조사되었다. 이러한 결과는 중도지체장애인의 종교성이 높을수록 배우자에 대한 적응이 높아진다고 해석할 수 있으며 종교성은 삶의 만족도(life satisfaction)를 높일 수 있다고 한 연구들(Clemente & Sauer, 1976; Hadaway, 1978)을 반영하는 결과라고 할 수 있다. 즉 종교성을 통해 받을 수 있는 심리적 안녕에 관한 것으로 스트레스를 경험하는 장애인들에게는 더욱 큰 영향을 미치고 있음을 알 수 있다. 또한 종교 있는 집단이 종교 없는 집단보다 자아분화 수준이 높아 부부적응에 긍정적인 영향을 미치며 특히 종교가 가족관계에서 정서적 안정에 영향을 준다는 연구(이창만, 1992)결과를 뒷받침해 주고 있다.
　1자장애인 신체상애가 발생하여 심리적 문세가 있을 경우 일반적 표상과 외부의 행동대상에 대한 지각상과의 일치가 어렵게 되는 인지적 문제가 발생하게 됨으로써 대상에 대한 객관적인 인식이 어렵게 되고 이것이 동기가 되어서 대상의 속성에 대한 동인적 반응(본능적 욕구)이 약화되거나 나타나지 않게 된다. 특히 이러한 동인적 반응이 없을 경우에 목적설정을 하지 못하는 상태에서 이성적인 선택에 이상이 생겨 자기 자신과 대상에 대한 부정적 태도에 머무르게 되어 의식장애가 유발될 수 있는데 대상자들이 종교의 교리를 열심히 믿고 종교적으로 될수록 의식구조에 변화가 생기고 가치관이 변화·확대됨으로써 심리적, 인지적 문제가 약화됨을 보여주고 있다. 종교가 결혼을 조절하는 데 사회경제적인 요소보다 더 강한 역할을 한다고 하면서, 가족발달 특성, 심리·경제적 보상, 그리고 신앙심이 부부의 적응에 미치는 영향을 측정한 결과 세 가지 변인 중 신앙심이 가장 예측적인 변인으로 작용한다고 한 연구(Filsinger와 Wilson, 1984)와 일맥상통하는 결과를 나타내고 있다. 또한 결혼한 부부에게 종교는 도덕적인 지침을 제공하고, 결정을 원활하게 하고, 갈등을 감소시키며, 인내를 증가시키고, 조절을 증진시킨다고 한 연구(Robinson, 1994)결과와도 거의 일치하고 있다. 종교의 윤리적인 규범이 배우자에게 관용적일 수 있게 만들 수 있을 것이다.

<표 Ⅳ-13> 종교적 특성과 배우자적응의 상관관계

변 수		배우자적응(p값)
종교성	공적 종교성	0.320(0.002)
	사적 종교성	0.276(0.009)
	주관적 종교성	0.244(0.021)
종교적 동기	개인적 동기	0.135(0.215)
	사회적 동기	0.180(0.093)

종교적 특성의 순수한 영향력을 보고자 대상자의 성별, 연령, 학력, 가족의 월평균 소득, 장애 정도, 장애기간을 통제변수로 설정하였다. 먼저 세워진 회귀식의 유의성 검정결과(F값 참고) p값이 0.048로 유의수준(0.05) 보다 작기 때문에 세워진 회귀식은 배우자적응을 설명하는 데 유의하였다. <표 Ⅳ-14>에 나타난 결과를 살펴보면, 공적 종교성의 점수가 1씩 증가하면 배우자적응 점수는 4.248만큼씩 증가하는 것을 알 수 있다. 그리고 공적 종교성의 Beta값은 .397로서 배우자적응에 높은 영향을 미치는 요인임을 알 수 있었다. 그런데 사적 종교성과 주관적 종교성의 Beta값은 각각 .010, -.022로 나타나서 중도지체장애인의 배우자적응에 통계적으로 유의미한 영향력을

미치지 못하는 것으로 나타났다. 따라서 종교성의 하위요인 중 공적 종교성이 높을수록 배우자적응이 향상됨을 알 수 있다. 특히 본 연구에서는 가족의 평균소득이 중도지체장애인의 배우자적응에 영향을 주지 않는 변인으로 나타나고 있다. 중도지체장애인의 공적 종교성이 배우자적응에 미치는 전체 설명력은 10.7%로 나타났는데 배우자적응이라는 것은 부부 상호간의 역동적인 상호 작용의 결과이므로 한쪽 배우자의 종교성만으로 배우자적응을 설명하는 데는 제한적일 수밖에 없을 것이다. 그럼에도 불구하고 설명력이 10%를 약간 상회하고 있어 대상자들의 공적 종교성에 초점을 맞춘 적절한 임상적 개입이 중도지체장애인들의 배우자적응에 매우 중요한 변수로 작용할 수 있음을 알게 해 준다.

〈표 Ⅳ-14〉 중도지체장애인의 종교적 특성이 배우자적응에 미치는 영향

(n=98)

		배우자적응			
		계수(B)	Beta(β)	t값	p값
종교성	공적 종교성	4.248	0.397	2.925	0.005
	사적 종교성	0.166	0.010	0.064	0.949
	주관적 종교성	-0.320	-0.022	-0.137	0.892
종교적 동기	개인적 동기	-0.222	-0.026	-0.127	0.900
	사회적 동기	-0.257	-0.035	-0.265	0.792
인구 사회학적 배경	연 령	0.378	0.200	1.619	0.111
	학력(d)	9.343	0.207	1.689	0.096
	평균소득	0.013	0.086	0.736	0.464
	장애 정도(d)	2.620	0.054	0.462	0.646
	장애월수	-0.014	-0.074	-0.626	0.534
	성별(d)	0.536	0.011	0.087	0.931
상수항		21.416		1.221	0.227
R^2(Adjusted R^2)		0.197(0.107)			
F값(p값)		2.178(0.048)			

3. 종교적 특성이 정신건강에 미치는 영향력

종교적 특성에 따른 중도지체장애인의 정신건강(스트레스와 우울)에 관한 연구질문 분석은 종교적 특성이 중도지체장애인의 정신건강에 미치는 영향력을 알아보기 위해 실시되었다. 구체적으로 종교성 및 종교적 동기와 정신건강과의 상관관계 및 영향 정도를 검증하였다.

<연구질문 3> 중도지체장애인의 종교적 특성(종교성과 종교적 동기)은 중도지체장애인의 정신건강(스트레스와 우울)에 어떠한 영향을 미치는가?

중도지체장애인의 종교적 특성과 스트레스 수준 간의 관계를 살펴보고자 상관관계 분석을 한 결과 종교성의 하위요인인 공적 종교성의 상관계수가 -.333으로 나타나서 이들 간에 부적(-) 상관관계가 있음을 알 수 있다. 즉, 공적 종교성의 점수가 높을수록 스트레스의 점수가 낮아짐을 알 수 있다. 이처럼 종교는 중도장애인들에게 생활사건으로 인해 야기된 스트레스 상황에서 보다 긍정적이고 적극적인 사고를 가질 수 있게 해 주며, 공적 종교성이 높을수록 부정적인 심리상태가 완화됨을 알 수 있다. 즉 종교는 스트레스 지각과정에 영향을 미쳐 스트레스의 충격을 완화시키며(Sullivan, 1993) 사회적 지지의 원천으로써 삶의 의미와 목적을 깨닫게 하고 희망을 갖게 한다고 한 연구들(Ross, 1990 & Sullivan, 1994 & 김진원, 1995 & Conco, 1995)과 일치되는 결과를 보여주고 있다. 또한 종교적 대처는 그 효율성이 상황에 따라 달라지는데 특별히 인간 통제를 넘어서는 죽음과 같은 위협과 상실 상황에서 보다 효과적이라고 제안한 연구(Maton, 1989 & Pargament, 1990)결과를 잘 반영하고 있다. 한편 본 연구에서 중도지체장애인의

종교적 동기 가운데 사회적 동기가 스트레스에 미치는 영향은 유의하지는 않지만 부적 관계를 보여주고 있는 데 주목할 필요가 있다. 왜냐하면 이러한 결과는 선행연구(Park et al., 1990)에서 비본질적 종교성(사회적 동기)이 강한 기독교 신자들은 스트레스 및 불안의 성향이 증가하는 결과를 보인 것과는 상반되는 것이기 때문이다. 이러한 결과가 주는 의미는 중도지체장애인의 경우에는 사회적 목적을 지향하는 종교활동이 본인의 장애로 인하여 상실한 여러 가지 가정적이고 사회적인 역할과 지위를 보상해 준다. 또한 종교집단은 이들에게 사회적 지지를 제공해 줌으로써 중도장애인들이 경험하는 여러 가지 스트레스를 감소시켜 주고 있음을 알게 해 준다. 결론적으로 중도지체장애인의 신앙생활을 하는 목적이 개인적인 정서적 안정을 추구하든, 사회적인 친분과 역할 획득을 지향하든 이러한 종교모임과 활동들을 통하여 정신적인 스트레스를 감소시킬 수 있다고 할 수 있다.

〈표 Ⅳ-15〉 종교적 특성과 정신건강 수준의 상관관계

변 수		스트레스(p값)	우울(p값)
종교성	공적 종교성	-0.333(0.001)	-0.247(0.013)
	사적 종교성	-0.184(0.069)	-0.126(0.206)
	주관적 종교성	-0.146(0.152)	-0.090(0.364)
종교적 동기	개인적 동기	-0.067(0.526)	-0.024(0.815)
	사회적 동기	-0.077(0.453)	-0.044(0.662)

중도지체장애인의 종교적 특성이 이들의 우울 수준과 어떠한 관계가 있는지를 보고자 상관관계 분석을 한 결과, 종교성의 하위요인 가운데 공적 종교성만이 우울과 유의한 상관관계가 있는 것으로 나타났다. 즉 종교활동은 대상자들에게 긍정적인 힘을 부여해 주고 삶을 가치 있게 만들고 위안을 주며 고통을 덜어주고 있음을 알 수 있다. 이

러한 공적 종교성의 상관계수가 -.247로 나타나 공적 종교성이 높을수록 우울 점수가 낮아지는 부적 상관관계를 보이고 있다. 그러나 종교적 동기 요인들과 우울 간에는 유의한 상관관계가 없는 것으로 나타났다. 이러한 결과는 천주교 신자들의 본질적 종교성(개인적 동기)은 우울 및 불안의 감소와 연관이 있다고 한 선행연구(Donahue, 1985)와는 다른 결과를 나타내고 있다. 그리고 종교로부터 위안, 평안과 행복을 얻고자 하는 성향이 강할수록 부정적 심리상태는 완화되었으나, 종교를 통해 사회적 관계를 확충하고자 하는 동기가 강해질수록 실직으로 인한 부정적인 심리상태는 심화되어 우울과 불안을 크게 느꼈다고 한 연구(박혜정, 1999)와도 일치하지 않는 결과이다. 다시 말해 선행연구들에서는 종교를 통해 위안을 받고자 하는 목적이 강할수록 종교에 투신함으로써 불안과 우울감을 완화할 수 있으며, 이에 비해 종교조직 내의 활동 및 인간관계를 통해 자신의 사회적 관계를 넓히기 위해 종교를 가질수록 불안과 우울감은 오히려 강화되는 결과를 보여주고 있다. 이는 비본질적 종교성의 결과는 종교에 대해 추구하는 목적과 결과가 달라 종교로부터의 우울감 완화에는 큰 도움을 받지 못하고 있는 것으로 볼 수 있으나, 본 연구결과에서는 비본질적 종교성(사회적 동기)과 우울 간에 정적인 관계를 보여주고 있지는 않았다. 보다 구체적으로 종교적 특성이 정신건강에 미치는 영향력을 알아보고자 다중회귀분석을 실시한 결과는 <표 Ⅳ-16>과 같다.

대상자의 종교적 특성이 스트레스에 미치는 영향을 살펴보고자 분석을 실시한 결과, 먼저 세워진 회귀식의 유의성 검정결과(F값 참고) p값이 0.026으로 유의수준(0.05)보다 작기 때문에 세워진 회귀식은 스트레스를 설명하는데 유의하였다. 구체적으로 살펴보면, 공적 종교성의 점수가 1씩 증가하면 스트레스 점수는 1.037만큼씩 감소함을 알 수 있다. 종교적 믿음의 강도에 따라 디스트레스에 미치는 영향력의 차이를 보인 Ross(1990)의 연구와 일치하였다. 또한, 가족의 월평균 소득이 1단위 증가하면 스트레스 점수가 0.009 낮아진다는 것을 알 수 있다. 이러한 결과는 경제적으로 어려움을 느낄수록 실직자들이 더욱 부정적인 심리상태에 있음을 보고한 박혜정(1999)의 연구결과와 같은 맥락으로 볼 수 있다. 즉, 중도지체장애인의 공적 종교성과 가족의 소득은 스트레스에 부적 영향을 미치는 것으로 조사되었다. 장애 정도가 스트레스에 미치는 영향력을 살펴보면, 스스로 생활이 가능한 사람과 타인의 도움을 조금 필요로 하는 사람(장애 정도=1)의 경우, 타인의 도움을 절대적으로 필요로 하는 사람보다 스트레스 점수가 평균적으로 2.528 낮음을 알 수 있다. 즉, 타인의 도움을 필요로 하는 사람들이 타인의 도움을 필요로 하지 않는 사람들보다 스트레스가 더 높은 것을 알 수 있다. Beta(β)값을 통해 독립변수들의 스트레스에 대한 상대적 기여도를 보면, 공적 종교성(-0.425), 평균소득(-0.251), 장애 정도(-0.229)순으로 스트레스에 영향을 많이 주는 것으로 나타났다. 따라서 중도지체장애인의 공적 종교성과 가족의 월평균 소득이 높고, 장애 정도가 경할수록 스트레스의 정도가 낮음을 의미한다. 이들의 스트레스에 대한 설명력은 16.5%이다. 이처럼 종교는 중도지체장애인에게 심리적 위안을 주며 스트레스가 심할 때, 절망적일 때 기도를 통하여 마음의 평정을 회복하도록 도울 뿐 아니라, 종교집회에 참석함으로써 친구를 사귈 수 있는 기회를 갖게 되고 따뜻하게 대해 주고 관심을 기울여 주는 사람을 만나게 됨으로써 정신건강에 긍정적인 영향을 미치고 있음을 알 수 있다. 즉 종교의 영적 지원은 '인지적 조정(cognitive mediation)'을 통해 스트레스적 사건의 부정적 영향력을 줄이고 긍정적 의미를 부여하는 것으로(Spilka and Schmidt, 1983), 이는 신의 사랑과 보호를 받고 있다고 믿는 일종의 '정서적 지원(emotional support)'이며 정신적 충격을 가져오고 통제가 거의 불가능한 사건에 대해 더욱 큰 영향력을 보이며, 스트레스 수준이 높을수록 그 완충효과는 확연하게 입증된다고 한 연구(Koening, Kvale, and Ferrel, 1988)와 일치되는 결과를 나타내고 있다. 또한 본 연구의 결과는 저소득층, 중증장애인에 대한 임상적 개입의 필요성을 시사해 주고 있다.

〈표 Ⅳ-16〉 중도지체장애인의 종교적 특성이 정신건강 수준에 미치는 영향

(n=107)　　　　　　　　　　　　　　　　(n=102)

		스트레스				우 울			
		계수 (B)	Beta (β)	t값	p값	계수 (B)	Beta (β)	t값	p값
종교성	공적 종교성	-1.037	-0.425	-2.769	0.008	-1.988	-0.296	-2.157	0.035
	사적 종교성	-0.325	-0.088	-0.591	0.557	-1.561	-0.161	-1.216	0.229
	주관적 종교성	0.837	0.234	1.226	0.225	2.116	0.210	1.283	0.204
종교적 동기	개인적 동기	0.005	0.002	0.012	0.990	0.385	0.071	0.399	0.691
	사회적 동기	-0.011	-0.007	-0.051	0.960	-0.279	-0.062	-0.538	0.593
인구 사회학적 배경	연령	-0.029	-0.066	-0.542	0.590	0.168	0.141	1.306	0.197
	학력(d)	-1.075	-0.106	-0.862	0.392	-3.878	-0.140	-1.319	0.192
	평균 소득	-0.009	-0.251	-2.136	0.037	-0.022	-0.231	-2.210	0.031
	장애 정도 (d)	-2.528	-0.229	-1.992	0.051	-11.150	-0.362	-3.547	0.001
	장애 월수	0.002	0.033	0.268	0.790	-0.004	-0.030	-0.283	0.778
	성별(d)	0.459	0.039	0.329	0.743	4.260	0.130	1.239	0.220
상수항		17.633		3.612	0.001	29.310		2.413	0.019
R^2(Adjusted R^2)		0.300(0.165)				0.418(0.312)			
F값(p값)		2.219(0.026)				3.925(0.000)			

중도지체장애인의 종교적 특성이 이들의 우울 수준에 미치는 영향을 살펴보고자 다중 회귀분석을 실시하였다. 분석결과 먼저 세워진

회귀식의 유의성 검정결과(F값 참고) p값이 0.000으로 유의수준(0.05)보다 작기 때문에 세워진 회귀식은 우울을 설명하는 데 유의하였다. 공적 종교성의 점수가 1씩 증가하면 우울 점수는 1.988만큼씩 감소한다. 또한, 가족의 월평균 소득이 1단위 증가하면 우울 점수가 0.022 낮아진다는 것을 알 수 있다. 즉, 중도지체장애인의 공적 종교성과 가족의 소득은 우울에 부적 영향을 미치는 것으로 조사되었다. 장애 정도가 우울에 미치는 영향력을 살펴보면, 스스로 생활이 가능한 사람과 타인의 도움을 조금 필요로 하는 사람(장애 정도=1)의 경우, 타인의 도움을 절대적으로 필요로 하는 사람보다 우울 점수가 평균적으로 11.150 낮음을 알 수 있다. 즉, 타인의 도움을 필요로 하는 사람들이 타인의 도움을 필요로 하지 않는 사람들보다 우울 정도가 더 높은 것을 알 수 있다. Beta(β)값을 통해 독립변수들의 우울에 대한 상대적 기여도를 보면, 장애 정도(-0.362), 공적 종교성(-0.296), 평균 소득(-0.231)순으로 우울에 영향을 많이 주는 것으로 나타났다. 따라서 중도지체장애인의 공적 종교성과 가족의 월평균 소득이 높고, 장애 정도가 경할수록 우울의 정도가 낮음을 알 수 있다. 이들의 우울에 대한 설명력은 31.2%였다. 또한 이러한 결과는 저소득층, 중증장애인에 대한 임상적 개입의 필요성을 시사해 주고 있다.

이상의 결과를 종합해 볼 때 중도지체장애인의 심리적 적응에 긍정적인 영향을 미치는 종교변수로는 종교성 요인이 유의한 변수로 채택되었으며, 특히 공적인 종교활동에의 참여도가 중도지체장애인의 심리적 적응에 중요한 변수로 작용하고 있음을 알 수 있었다. 이러한 결과가 의미하는 것은 중도지체장애인의 심리적 적응에는 종교성의 내용적인 면(종교적 동기)의 영향력보다는 공적 종교성의 정도가 더 큰 영향을 미치고 있다는 것이다. 즉 종교가 삶의 의미와 목적을 제공하고 심리적 복지감을 느끼며 정신적으로 건강하게 되는 데 공헌한다는 주장들은 받아들여질 수 있으나, 종교가 그 종교에 몸담고 있는 모든 사람들에게 삶의 의미와 목적을 제공한다기보다는 경건한 종교 의례 수행과 집단활동에의 참여 정도가 대상자들에게 친밀감과 심리적 안정과 같은 지원을 제공해 주며 '심리적 적응'과는 정적으로 관련되며 심리적 문제를 감소시키는 효과가 있음을 알 수 있다. 특히 이러한 결과는 공적 종교성과 정신적 이상 증상은 부적인 연관성을 보이며, 심리적 안녕과 정적 연관성을 보인다고 한 여러 연구들(Hannay, 1980; Veroff, Douvan & Kulka, 1981; Idler, 1987; Krause & Van Tran, 1987; Ellison, Gay & Glass, 1989; Pollner, 1989)과 일치됨을 알 수 있다. 또한 비자발적 실직자들을 대상으로 한 조사에서 의례참석의 여부를 통해 본 종교적 참여도는 경제적 곤란도와 상호 작용하여 우울감을 완충해 주는 효과를 보인다고 한 김명언(1998)의 연구와도 일치됨을 알 수 있다. 그리고 산재장애인이 자조집단에 만족하는 정도는 산재장애인의 우울 정도와 유의한 관계가 없고 자조집단에의 참여 여부가 산재장애인의 우울과 스트레스 정도에 유의한 차이를 나타낸 연구(은보경, 1999)결과는 공적 종교활동에의 참여 정도가 중도장애인의 심리적 적응과 유의미하다는 본 연구와도 일맥상통하는 것이라고 할 수 있다.

한편, 본 연구대상자들은 대부분(80.4%)이 직업을 가지고 있지 않았으며, 응답자의 과반수(50.0%)가 100만 원 이하의 저소득 가정으로 장애의 영향으로 인한 상황적인 불안정성에서 비교적 벗어나지 못한 집단들이었기 때문에 인구사회적인 배경이 다소 영향을 미치고 있다고 볼 수 있다. 그러나 몇몇 경험적 연구들(Spreitzer & Snyder, 1974; Clemente & Sauer, 1976)에서 삶에 대한 만족을 강화하는 데는 신앙적 의미가 사회경제적 지위, 건강, 수입, 결혼, 인종보다 강한 변수임을 밝혀내었듯이, 본 연구대상자의 심리적 적응에 종교성이 사회경제적인 수준보다 더 큰 영향을 주는 것으로 나타난 것을 고려할 때, 일반인들이 단순히 생각하는 환경적인 요인보다 중도지체장애인의 심리적 적응에 더 중요한 역할을 하는 요인이 있음을 확인하였다고 할 수 있겠다.

제 5 장 결론 및 제언

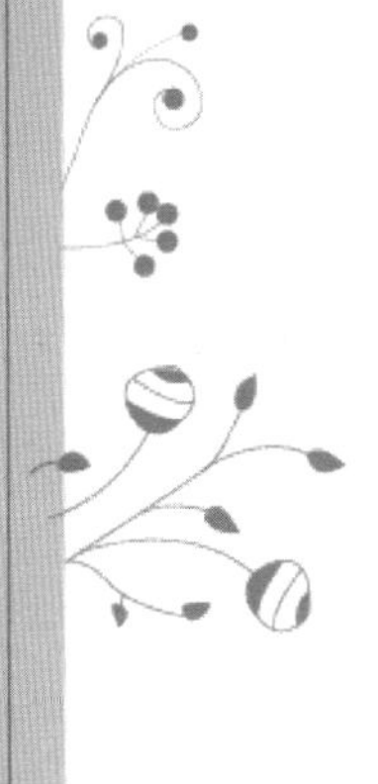

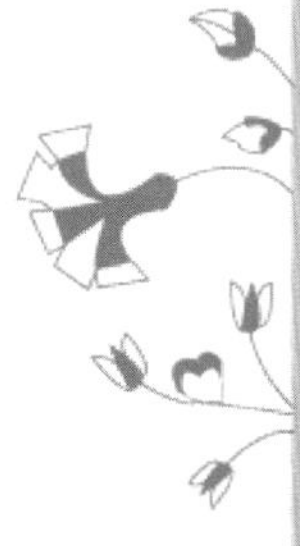

본 연구는 중도장애로 인한 부정적인 영향력들을 완화해 줄 수 있는 지원 역할의 범위 즉 기능을 촉진시킬 수 있는 상황적 요인으로 개인적 특성이나 가족, 이웃과 같은 사회적 연결망에 국한하지 않고, 최근 신자유주의의 영향으로 복지국가에 대한 비판과 함께 생산적 복지를 강조하고 있으며 서비스의 공급 주체의 다원화를 지향하고 있는 상황에서 교회기관과 종교단체의 역할에 관심을 가지고 '종교'의 영향력을 보고자 하였다. 특히 한국 기독교는 급성장을 통해 사회 각 분야에 상당한 영향력을 미치고 있으나, 실제로 이러한 영향력을 구체적으로 조사한 사회복지 관련연구는 그리 많지 않은 실정이므로 본 연구에서는 기독교를 가진 중도지체장애인 집단에 한하여 종교성과 종교적 동기에 따른 영향력을 조사함으로써 사회복지실천에서 임상적 개입의 이론적 근거를 확보하고 실천적 함의를 도출해 보고자 하였다. 종교성은 종교적 참여도에 국한될 경우에 나타날 수 있는 한계점들을 보완하기 위해 사적인 종교행위뿐 아니라, 자신이 교리에 대해 믿는 정도나 종교를 얼마나 중요하게 여기고 있는 정도를 묻는 주관적 종교성의 차원도 포함하였다. 또한 신앙생활에서 보이는 개인의 동기나 성향 등으로 종교적 목적을 알아볼 수 있는 개인적 동기와 사회적 동기를 살펴보았다. 전자는 개인의 위안, 평안, 심적인 안정을 위해서 종교를 갖는 성향을 보는 것이고, 후자는 종교적 모임이나 활동참여를 통하여 교인들과의 친밀한 사회관계를 넓히기 위해 종교를 믿는 정도이다. 이것은 신앙생활의 목적(동기)에 따라 연구대상의 태도나 심리에 각기 다른 영향을 받고 있다는 선행연구에 근거한 것이었다.

이를 위해 본 연구는 2002년 12월부터 2003년 2월까지 중도에 지체장애를 가지게 된 기혼자 112명을 연구대상으로 조사연구를 실시하였다. 다음에서는 각 분석결과를 간략히 요약함으로서 본 연구의 전체적인 결론을 도출하여 실천적 함의를 논의하고자 한다.

Ⅰ. 연구결과

본 연구의 결과는 크게 연구대상의 일반적 특성, 연구대상의 특성에 따른 측정변인의 차이, 연구질문 분석을 중심으로 살펴보겠다.

1. 연구대상의 일반적인 특성

본 연구의 대상이 된 112명의 주요 특성은 다음과 같다. 즉 성인 중도지체장애인의 인구사회학적 특성 가운데 우선 성별분포를 보면 남성은 85명(75.9%), 여성은 27명(24.1%)으로 남성이 훨씬 많았다. 연령은 40세-60세 미만이 71명(63.4%)으로 반수 이상을 차지하였다. 대상자들의 최종학력의 경우 응답자의 반 이상(68.7%)이 고등학교 졸업 이상의 학력을 소지하고 있는 것으로 나타나 대체로 높은 학력분포를 보였다. 반면에 대상자의 가족 월평균 소득을 보면, 응답자의 과반수(50.0%)가 100만 원 이하의 저소득층이었다. 대상자들의 고용상태를 살펴보면 응답자의 대다수(80.4%)가 직업이 없는 것으로 나타났다.

본 연구대상자들의 장애관련 특성을 살펴보면, 장애급수는 41.1%

가 1급으로 등록된 장애인이었고 4급 이상은 5.4%에 불과하였다. 장애기간은 10년 이상이 33.9%로 가장 많았으며, 그 외 장애기간들은 비교적 고른 분포를 보였다. 장애 정도를 묻는 질문에는 39.2%가 '일상생활을 하기 위해서는 다른 사람의 도움을 필요로 한다'고 응답하였다. 일상생활에서 가장 도움을 주는 사람이 누구인지를 묻는 질문에서는 배우자(69.6%)가 절대적인 다수를 차지하고 있으며 공식적인 사회적 지원을 거의 받고 있지 못함을 알 수 있었고 특히 종교단체로부터 도움을 받는다고 응답한 사람은 0.9%에 불과했다.

본 연구 조사 대상자들의 종교는 개신교와 가톨릭으로 비율이 2 : 1로 나타났다. 배우자 역시 기독교가 77.7%를 차지하고 있어 응답자의 대다수가 부부간에 종교가 일치하는 것으로 볼 수 있다. 소속 종교기관에의 출석빈도를 알아본 결과 매주 1회 이상 참여한다고 응답한 사람이 전체의 69.7%를 차지하고 있으며, 신앙의 기간은 10년 이상으로 답한 자가 60.8%를 차지하고 있다. 신자가 된 동기를 보면 '가족의 권유'와 '친구 및 친척의 권유(44.6%)'가 가장 많았으며, '마음의 안정을 위해서', '영혼을 구하고자', 그리고 '삶의 허무함을 체험했기에' 등이 27.7%를 차지하였다. 자신의 신앙생활에 도움을 주는 것으로는 기도와 묵상 등이 36.6%로 나타나 대상자들이 공적이고 사적인 종교활동을 통해 신앙생활에 도움을 받고 있다는 것을 알 수 있었다.

2. 연구대상의 일반적인 특성에 따른 측정변인의 차이

연구대상의 특성에 따라 주요 측정변인별로 차이가 있는지를 살펴보고자 t검증과 F검증을 실시한 결과를 다음과 같이 요약하였다. 먼저 본 연구의 대상인 기독교 계통의 종교를 가진 중도지체장애인의 종교성과의 관계를 보면 대상자 가족의 소득 정도가 중도지체장애인의 기도, 묵상, 교리공부 등 사적인 종교행위에 차이를 가져옴을 알 수 있었다. 대상자 가족의 월 소득은 대상자의 공적 종교성과 주관적 종교성의 평균값에는 유의미한 차이를 주지 않는 것으로 나타났다. 대상자의 장애기간에 따라서도 종교성에 차이가 있는 것으로 조사되었는데, 대상자의 공적 종교성을 보면 장애기간이 길어질수록 공적 종교성이 높은 것을 알 수 있었다. 주관적 종교성 역시 장애기간이 경과할수록 높았다.

종교를 믿는 목적 가운데 개인적 동기는 장애기간에 따라 차이를 나타내었는데 장애기간이 5년-10년 미만인 경우가 가장 높았다. 반면 사회적 동기는 장애기간에 따른 차이가 없는 것으로 나타났다.

대상자의 장애수용에 차이를 주는 요인으로는 학력, 가족 월평균 소득, 고용상태, 장애 정도, 장애기간 등이 지적되었다. 우선 학력을 보면 대상자의 학력이 높아질수록 장애를 특출하게 여기지 않는 것으로 나타났다. 가족 월평균 소득 역시 장애수용에 차이를 나타내고 있는데, 자기만족과 보상적 행동의 질 모두에서 200만 원 초과의 고소득 집난이 가장 높은 정도의 장애수용을 한 집난으로 분석뇌었다. 대상자의 고용상태는 특히 장애를 특출하게 여기지 않는 것에 차이를 보여주었는데, 직업을 가지고 있는 대상자(9.15)가 직업을 가지고 있지 않는 대상자(6.72)보다 장애를 특출하게 여기지 않는 정도가 높았다. 또한 장애수용은 장애 정도가 심할수록 자기만족과 장애를 특출하게 여기지 않는 정도가 낮았다. 장애기간은 장애를 특출하게 여기지 않는 요인과는 차이가 없었고, 자기만족 및 보상적 행동의 질과는 차이가 있었다. 자기만족 및 보상적 행동의 질 모두에서 2년 미만인 경우에 가장 낮았다.

대상자의 인구사회학적인 변인 중에서 연령과 최종학력이, 장애관련 변인 중에서는 장애 정도가 배우자적응에 차이를 주는 요인으로 나타났다. 먼저 대상자의 연령에 따라 부부일치도에 차이가 있는 것으로 조사되었는데 40세 이상-50세 미만에서 평균점수가 가장 낮았고, 60세 이상 집단의 부부일치도의 평균점수가 가장 높았다. 대상자의 연령은 부부만족도, 부부결합도, 애정표현에는 차이가 없는 것으로 나타났다. 그리고 응답자의 학력이 높을수록 부부결합도가 높다고 할 수는 없었으나 대상자의 학력이 부부의 결합도에 차이를 주는 변인임은 알 수 있었다. 또한 대상자의 장애 정도에 따라 특히 부부간의 애정표현에 차이를 나타냈는데 장애 정도가 심할수록 부부간에 애정표현이 낮지는 않은 결과를 보여주었다. 부부일치도, 부부결합도, 부부만족도에는 차이를 나타내지 않았다.

대상자의 스트레스 수준은 연령, 가족의 월평균 소득, 장애 정도에 따라 차이를 보였다. 먼저 연령의 증가가 대상자의 스트레스 수준에 차이를 가져온다는 것을 알 수 있다. 또한 가족의 월평균 소득이 50만 원 이하인 경우 스트레스 평균치가 9.92로 가장 높은 것으로 조사되었고, 200만 원 초과의 고소득 집단에서는 스트레스의 평균값이 4.52로 가장 낮았다. 대상자의 장애 정도 역시 대상자가 느끼는 스트레스 수준에 차이를 주는 것으로 조사되었는데, 장애 정도가 심해질수록 스트레스가 높은 것을 알 수 있었다. 중도지체장애인의 우울 수준에 차이를 가져오는 요인으로는 대상자의 연령, 최종학력, 가족의 월평균 소득, 장애 정도가 지적되었다. 60세 이상의 고령자 집단에서 우울 점수가 가장 높았다. 응답자의 학력도 우울 수준에 차이를 주었는데, 최종학력이 초등학교 졸업인 경우에 우울 수준이 가장 높게 나타났으며 대학원 이상의 고학력 집단에서는 우울 점수가 가장 낮게 나타났다. 또한 가족의 소득이 높을수록 대상자의 우울 수준이 낮은 것을 알 수 있다. 즉 가족의 월평균 소득이 50만 원 이하인 집단의 우울 점수는 21.46으로 가장 높았으며, 가족의 월평균 소득이 200만 원 초과인 집단은 10.04로 가장 낮은 우울 점수를 보이고 있었다. 마지막으로 대상자의 장애 정도 역시 우울 수준과 차이가 있었는데, 즉 대상자의 장애 정도가 심할수록 대상자의 우울 정도가 높은 것을 알 수 있었다.

3. 연구질문 분석결과

중도지체장애인의 심리적 적응을 가장 잘 설명하는 종교변인을 알아보기 위해 종교요인과 통제변수를 넣고 분석한 결과를 요약하면 다음과 같다.

1) 종교적 특성이 장애수용에 미치는 영향력

<연구질문 1> 중도지체장애인의 종교적 특성(종교성과 종교적 동기)이 대상자의 장애수용과 어떠한 관계가 있는지를 보고자 상관관계 분석을 한 결과, 공적 종교성과 장애수용 정도가 비교적 높은 상관관계가 있는 것으로 나타났다.

중도지체장애인의 종교성과 종교적 동기요인이 장애수용에 미치는 영향을 살펴본 결과 공적 종교성과 종교의 사회적 동기요인이 유의미한 변수로 채택되었다. 특히 사회적 동기는 장애수용에 부적 영향을 미치는 것으로 조사되었다. 이 외에 대상자의 가족소득도 유의미한 변수로 나타났다. 변수들의 장애수용에 대한 상대적 기여도를 보면, 공적 종교성(0.547), 사회적 동기(-0.236), 평균소득(0.222)순으로 장애수용에 영향을 많이 주는 것으로 나타났다. 따라서 중도지체장애인의 공적 종교성과 가족의 월평균 소득이 높고, 사회적 동기가

낮을수록 장애수용의 정도가 높음을 의미한다. 이들의 장애수용에 대한 설명력은 32.8%였다.

2) 종교적 특성이 배우자적응에 미치는 영향력

<연구질문 2> 중도지체장애인의 종교적 특성과 배우자적응 간의 관계를 살펴보고자 단순적률 상관관계 분석을 한 결과, 종교적 동기 (개인적 동기와 사회적 동기)와 배우자적응과의 상관관계를 제외하고 종교성의 모든 하위요인들에서 유의미한 상관관계를 나타내었다. 특히 공적 종교성과 사적 종교성이 배우자적응 정도와 높은 상관관계를 보여주고 있다. 주관적 종교성 역시 배우자적응과 유의한 정적 상관관계가 있는 것으로 조사되었다. 이러한 결과는 중도지체장애인의 종교성이 높을수록 배우자에 대한 적응이 높아짐을 알 수 있게 해 준다.

종교적 특성의 순수한 영향력을 보고자 대상자의 성별, 연령, 학력, 가족의 월평균 소득, 장애 정도, 장애기간을 통제변수로 설정하고 분석한 결과 종교성의 하위요인 중 공적 종교성이 높을수록 배우자에 대한 적응이 향상됨을 알 수 있었고 전체 설명력은 10.7%로 나타났다. 따라서 공적 종교성에 초점을 맞춘 적절한 임상적 개입이 중도지체장애인들의 배우자적응에 매우 중요한 변수로 작용할 수 있음을 알게 해 준다.

3) 종교적 특성이 정신건강에 미치는 영향력

<연구질문 3> 중도지체장애인의 종교적 특성과 스트레스 수준 간의 관계를 살펴보고자 상관관계 분석을 한 결과 종교성의 하위요인인 공적 종교성과 부적(-) 상관관계가 있었다. 즉, 공적 종교성의

점수가 높을수록 스트레스의 점수가 낮아짐을 알 수 있다. 한편 본 연구에서 종교적 동기 가운데 사회적 동기가 스트레스에 미치는 영향은 유의하지는 않지만 부적 관계를 보여주고 있는데 이러한 결과가 의미하는 것은 중도지체장애인의 신앙생활을 하는 목적이 개인적인 정서적 안정을 추구하든, 사회적인 친분과 역할 획득을 지향하든 이러한 종교모임과 활동들을 통하여 정신적인 스트레스를 감소시킬 수 있음을 나타내는 것으로 볼 수 있을 것이다. 중도지체장애인의 종교적 특성이 이들의 우울 수준과 어떠한 관계가 있는지를 보고자 상관관계 분석을 한 결과, 종교성의 하위요인 가운데 공적 종교성만이 우울과 유의한 상관관계가 있는 것으로 나타났다. 즉 공적 종교성이 높을수록 우울 점수가 낮아지는 부적 상관관계를 보이고 있다. 그러나 종교적 동기 요인들과 우울 간에는 유의한 상관관계가 없는 것으로 나타났다.

대상자의 종교적 특성이 스트레스에 미치는 영향을 살펴보고자 분석을 실시한 결과, 공적 종교성, 평균소득, 장애 정도순으로 스트레스에 영향을 많이 주는 것으로 나타났다. 따라서 중도지체장애인의 공적 종교성과 가족의 월평균 소득이 높고, 장애 정도가 경할수록 스트레스의 성도가 낮음을 알 수 있다. 이들의 스트레스에 대한 설명력은 16.5%로 나타났다. 중도지체장애인의 종교적 특성이 이들의 우울 수준에 미치는 영향을 살펴보고자 분석을 실시한 결과, 장애 정도, 공적 종교성, 평균소득순으로 우울에 영향을 많이 주는 것으로 나타났다. 따라서 중도지체장애인의 공적 종교성과 가족의 월평균 소득이 높고, 장애 정도가 경할수록 우울의 정도가 낮음을 알 수 있었다. 이들의 우울에 대한 설명력은 31.2%였다. 또한 이러한 결과는 중도지체장애인의 정신건강을 위해서는 특히 저소득층, 중증장애인에 대한 임상적 개입이 더욱 필요함을 시사해 주고 있다.

4) 결 론

  연구질문 분석을 기초로 한 본 연구의 종합적인 결론은 다음과 같이 정리할 수 있다.

  첫째, 본 연구에서는 중도지체장애인의 심리적 적응이 종교적 특성에 의해 어떠한 영향을 받는지를 살펴보았다. 그리고 종교성과 종교적 동기를 독립변수 군으로 구성하여 서로의 영향력을 통제한 결과 종교적 동기의 영향력은 유의미하지 않고 종교성만이 유의하였는데 이것은 중도지체장애인의 심리적 적응에는 종교적 동기(종교적 성향)보다 종교성의 정도가 더 영향을 준다는 것이다. 즉 종교성과 종교적 동기의 관계를 검증함으로써 종교적 동기보다는 종교성 변인이 중도지체장애인의 심리적 적응을 잘 설명하고 있음을 밝혀내었다. 이러한 결과는 중도지체장애인의 신앙생활을 하는 목적이 개인적인 정서적 안정을 추구하든, 사회적인 친분과 역할 획득을 지향하든 개인적인 신앙생활과 종교모임 및 활동들을 통하여 심리적인 적응을 향상시킬 수 있음을 나타내는 것으로 볼 수 있을 것이다. 따라서 본 연구결과를 통하여 중도지체장애인의 심리적 적응을 위한 개입의 필요성이 보다 강조되었으며, 중도지체장애인의 심리적 적응을 위해서는 종교성에 초점을 둔 개입이 효과적임을 알 수 있다.

  둘째, 선행연구들에서는 종교를 통해 위안을 받고자 하는 목적이 강할수록 종교에 투신함으로써 불안과 우울감을 완화할 수 있으며, 이에 비해 종교조직 내의 활동 및 인간관계를 통해 자신의 사회적 관계를 넓히기 위해 종교를 가질수록 불안과 우울감은 오히려 강화되는 결과를 보여주고 있다. 이와 관련해 본 연구에서는 사회적 동기가 높을수록 장애를 특출하게 여기는 것으로 조사되었다. 그러나 종교적 동기(개인적 동기와 사회적 동기)와 스트레스 및 우울 간에는 유의하지는 않지만 부적(-) 상관관계가 있었다. 즉, 개인적 동기와 사회적 동기가 높을수록 스트레스와 우울 정도가 낮아질 수 있음을 알 수 있다. 이러한 결과가 의미하는 것은 본 연구대상자의 경우, 종교를 믿는 목적과 결과 간에 불일치의 정도가 상대적으로 적다는 것이다. 즉 중도지체장애인의 경우, 종교활동을 통하여 장애로 인하여 상실한 사회적 지위와 역할에 대한 욕구를 어느 정도 충족받고 있으며 정서적인 지지와 함께 여가시간의 긍정적인 활용 등으로 정신건강에 도움이 되고 있음을 보여주는 결과이다.

셋째, 중도지체장애인의 장애수용 및 정신건강에는 종교성 중 공적 종교 참여도만이 통계적으로 유의미하게 영향을 미치고 있었다. 이러한 결과를 통해 특히 공적 종교성이 중도지체장애인의 장애수용과 부정적인 심리상태인 스트레스와 우울 수준의 감소에 매우 중요한 변인임을 알 수 있었다. 따라서 이러한 공적 종교활동에의 참여기회를 제공하는 개입은 중도지체장애인들에게 가치의 변화와 확대의 기회를 제공하여 장애수용을 촉진시키고 개인적인 위로와 평안을 제공하여 정신건강을 향상시킬 뿐만 아니라 이들을 위한 사회적 지지 자원으로서 기능함과 동시에 사회적 역할과 지위를 부여해 주는 결과로 연결되어 심리적 적응에 중요한 영향을 미칠 수 있다는 것을 입증하였다.

넷째, 중도지체장애인의 배우자에 대한 적응 정도는 비장애인부부보다 상대적으로 낮게 나타났으며, 대상자 자신의 공적 종교 참여도와 기도, 묵상과 같은 개인적인 신앙생활에 의해 가장 잘 설명된다는 것이다. 이러한 결과는 사회복지실천에서 중도지체장애인의 부부적응 향상을 위해서는 종교성에 초점을 둔 개입이 효과적임을 시사해 준다. 그동안 우리나라 장애인부부의 적응 향상을 위한 사회복지실천은 거의 찾아보기 힘든 실정이다. 특히 장애인부부의 갈등을 해소하기 위해서는 직업재활을 포함한 경제적 지원이 가장 중요할 것이라는 경험적 견해와 수입이 높아질수록 부부적응이 높아진다고 밝힌 몇몇 연구(김쟁산, 1983 & 송말희, 1986 & 오명숙, 1978)와는 달리 본 연구에서는 가족의 소득이 장애인의 배우자적응에 영향을 주지 않는 것으로 나타났고 장애인의 공적 종교성이 배우자적응에 보다 영향력 있는 변수임이 입증됨으로써 단순한 종교의 유무가 아닌 장애인의 종교적 활동에의 참여와 믿음 정도는 이들을 위한 강점이자 개인적인 자원이며, 더 나아가 이들의 기능을 촉진시키는 상황적 요인임을 알 수 있다.

이러한 종합적인 연구결과로부터 '종교'가 중도에 발생한 장애로 인해 겪게 되는 스트레스, 우울과 같은 부정적인 심리상태나 장애 발생 이후에 보이는 생각, 태도나 행동양식 등의 전반적인 반응들에 영향을 주고 있음을 알 수 있다. 즉 한국의 상황에서 기독교는 심리적 안정과 복지감을 마련해 주는 심리적 기능을 실제로 수행하고 있으며 이러한 결과는 종교에 대한 참여, 개입, 헌신의 정도와 관계가 있는 것으로 나타났다. 다시 말하면 단순한 종교의 유무와 모임 및 활동에 참여하여 영향을 받는 경우는 심리적 적응의 결과에 있어서 차이가 있음을 입증해 주고 있다. 이러한 결론을 기초로 실천적 함의를 도출하여 보면 다음과 같다.

II. 실천을 위한 함의

본 연구에서는 실천적 함의를 이론적, 임상적, 정책적 함의로 나누어서 살펴보고자 한다.

1. 이론적 함의

본 연구의 이론적 함의를 정리하면 다음과 같다.

첫째, 본 연구는 종교성과 종교적 동기의 개념을 중도지체장애인에게 최초로 적용해 봄으로써 장애인연구의 영역을 넓히는 데 기여하였다. 다른 영역의 연구에 비해서 장애인의 심리적 적응에 관한 연구가 미비한 실정이다. 특히 중도장애인의 심리적 적응은 그 중요성에도 불구하고 심리적 재활 서비스의 도입을 위한 기초적 연구도 부족한 실정이다. 지금까지 중도장애인을 위한 선행연구들은 직업재활에 초점을 맞추어 전개해 왔다. 그러나 본 연구는 사회복지 임상 분야에서 과소평가되어 온 종교의 영향을, 신체적 조건과 상호 작용하여 기능을 촉진시키는 상황적 요소로 간주하는 강점관점에 근거하여 종교성의 개념을 적용함으로써 상대적으로 미비했던 중도장애인의 심리적 적응에 관한 연구의 기초적 토대를 마련하였다. 나아가 이러한 연구는 클라이언트의 심리적 적응에 미치는 종교의 영향에 관한 연구의 활성화에 기여할 수 있을 것이다.

둘째, 종교적 특성(종교성과 종교적 동기)이 중도지체장애인의 장애수용, 배우자적응, 정신건강(스트레스와 우울) 등의 심리적 적응에 어떠한 영향을 미치는지를 살펴봄으로써, 상대적으로 종교성의 개념 및 중요성을 입증하였다. 종교성이라는 개념은 신앙심의 정도를 측정하는 것으로서, 이러한 요인이 중도에 갑작스럽게 장애를 입은 개인에게 어떠한 역할을 하는지는 연구된 바가 없었다. 본 연구에서는 종교성이 중도지체장애인의 심리적 적응에 영향을 미치는 중요한 변인임을 밝힌 바 있다. 이는 종교성이 중도지체장애인에게 어떠한 역할을 할 수 있는지를 실증적으로 밝혀냄으로써, 종교성이 중도장애라는 죽음과 같은 위기로부터 개인에게 삶의 의미를 부여하여 이를 극복하고 심리적으로 적응할 수 있는 원동력이 됨을 알 수 있었다. 이러한 결과는 종교성의 개념이 본 연구를 통하여 확인되며, 그 필요성을 시사하는 것이라고 하겠다.

셋째, 재활 프로그램에 가족 및 배우자를 참여시켜 그 효과를 측정한 결과, 배우자나 가족이 참여한 피실험 척수손상인들이 긍정적 자아존중감을 유지하고, 죄책감과 두려움이 통제집단보다 상당히 감소하였다는 연구(Pachalski & Pachalska, 1984)결과가 보고되었다. 그 외의 연구에서도 배우자들을 재활 과정에 포함시켜야만 척수손상인의 부적절한 행동을 부부가 함께 교정하도록 노력할 것이라고 강조하였다(Stambrook 외, 1991). 그러나 본 연구에서의 중도지체장애인의 종교성 특히 공적 종교 참여도가 배우자적응과 장애수용, 그리고 정신건강에 유의한 영향력을 미칠 수 있다는 연구결과를 토대로 할 때 장애인 당사자가 상호 의미를 주고받는 유사한 가치를 가진 자들이 사회적 상호 교류를 할 수 있도록 제도적인 환경과 정기적인 기회를 제공해 주는 종교적 의례 및 활동에 참가함으로써, 주관적인 믿음이 강화될 수 있으며 개인적인 장애를 보다 '긍정적이고 적극적'으로 이해할 수 있게 되었다. 또한 종교적 활동을 통한 사회적 관계의 유지는 장애인이 스트레스를 해소하는 데 도움을 주며 우울의 정도를 감소시키는 데에도 영향을 미치기 때문에 장애인이 종교조직의 사회생활 속에서 책임과 권리를 누리는 것이 궁극적으로 부부관계 개선에도 도움이 됨을 밝혀내었다. 선행연구에서도 대상자가 우울증에서 회복되면 전반적 부부관계가 호전된다는 결과(Hinchliffe 등, 1978)가 이를 뒷받침하고 있다. 따라서 이러한 결과는 가정에서 경제적 책임을 떠맡고 있어 과중한 역할분담에 힘들어하는 중도지체장애인의 배우자를 반드시 함께 참여시키지 않아도 재활 프로그램의 효과를 볼 수 있다는 이론적 근거를 마련하였다. 뿐만 아니라 연구자는 중도에 장애를 가지게 된 많은 경우에 실제적인 성적 능력과 무관하게 배우자를 위한 성적 배려가 감소하여 배우자가 욕구불만을 가지게 되거나 부부관계가 소원해짐을 임상현장에서 발견하였다. 따라서 이러한 종교활동을 통하여 중도장애인의 사고가 긍정적인 방향으로 전환될 때 부부간 애정표현에 대한 새로운 자세를 정립할 수 있음과 동시에 성 지식에 관한 정보를 전달받음으로서 부부관계 향상에 기여할 수 있을 것이다.

넷째, 본 연구는 연구대상자의 종교적 특성 요인과 주요 측정변인과의 관계에 대한 검증에서, 대상자의 공적 종교성이 심리적 적응에 차이를 가져오는 매우 중요한 변인임을 입증함으로써, 종교성을 개인의 강점으로 보는 개인탄력성 이론, 그리고 종교단체가 사회적 지지 자원으로서 기능을 한다는 사회적 지지 이론의 재검증이라는 측면에서 이론 구축에 기여하였다. 또한 이러한 결과는 장애인에 대한 서비스가 현존 지역사회에서의 다양한 지원의 확보와 유지 등을 강조하는 장애인복지의 새로운 패러다임에 부합하는 것임을 알 수 있다.

2. 임상적 함의

본 연구의 임상적 함의를 살펴보면 다음과 같다.

첫째, 대부분의 심리치료에서는 인간의 영적 측면을 부인하거나 기볍게 취급하는 경향이 있다. 그런데 의미치료(logotherapy)에서는 인간을 신체적, 정신적 및 영적(spiritual) 측면을 가지고 있는 존재로 인식하고 있다. 즉 인간의 영적 측면이야말로 사람을 사람 되게 하는 것으로 보고 있다. 따라서 종교적 문제나 영적인 문제가 클라이언트의 심리적 적응을 위해 논의되어야 하고 특히 종교를 가진 클라이언트에게는 이것이 신체적 조건과 상호 작용하여 기능을 촉진시키는 상황적 요인이 될 수 있다는 것이 본 연구를 통하여 입증되었다. 사회복지 관련기관에서는 클라이언트의 종교적 배경과 관련 없이 공평한 서비스를 제공해야 함을 강조하고 있는데 이러한 윤리강령을 클라이언트의 삶에 미치는 종교의 영향력을 과소평가하는 것으로 혼동해서는 안 될 것이다. 그러므로 임상장면에서 사회복지사는 클라이언트의 종교를 중요한 요인으로 사정하여야 하는데 Stewart와 Gale(1994) 역시 "내담자의 종교는 인종, 윤리, 사회적 계층, 문화, 그리고 성별만큼이나 중요한 것으로 고려되어야 된다"고 보았다. 즉 효과적인 중도지체장애인의 심리적 적용을 위해서는 육체적·정신적 자원뿐만 아니라, 종교적 자원을 이용한 총체적인 접근을 하는 것이 중요하다. 따라서 사회복지사는 클라이언트의 종교를 이해하고 존중해 주어야 하며, 보다 열린 마음으로 접근해야 한다. 클라이언트의 종교가 무엇인지를 아는 것에서 그치지 않고 종교가 클라이언트에게 어떤 의미와 영향을 주며, 신과의 관계를 어떻게 느끼는지를 사정하여 개입계획을 수립해야 한다. 또한 클라이언트의 신앙과 관련된 이야기를 편견 없이 진지하게 받아줌으로써 전문적 관계형성에도 도움이 될 것이다.

둘째, 지금까지는 중도장애인과 이들 부부 및 가족에게 전문적 개입을 하고자 하는 의지가 있어도 실제로 이들 대상가족에게 어떻게 개입해야 하는지에 대해서는 구체적인 연구나 자료가 미흡하여 사회복지 전문가들의 경험적인 견해만이 제기되곤 했었다. 즉 사회복지사가 중도장애인들에게 접근해서 도움을 주고자 할 때 어떠한 마음가짐으로 어떻게 도와주어야 하는지에 대해서 임상경험을 토대로 체계적으로 발전되어 오지 못하고 있으므로 본 연구에서는 의미요법 이론에 기초하여 중도장애인들의 심리재활 과정에서의 사회복지사의 역할을 제시하고자 한다. 먼저 중도지체장애인의 신체구조 및 기능의 변화로 인한 능력장애를 예방하기 위해서는 자신의 장애를 수용하고 그에 따른 가치변화와 희망과 삶의 의미를 재발견하도록 개입하여야 한다. 즉 사회복지사는 이들의 신앙생활을 통하여 가치영역의 확대와 현상적 가치를 본질적 가치로 전환할 수 있도록 도와주어야 한다. 그래서 중도장애인들이 자신의 고유한 영역에서 희망과 삶의 의미를 발견할 수 있도록 개입하여야 한다. 특히 변경할 수 없는 자신의 운명에 대한 중도장애인의 태도가 변할 수 있도록 도와야 하는데, 이러한 과정에서 중요한 것은 기법이 아니라, 사회복지사와 클라이언트와의 인간관계 내지 인격적, 실존적 만남이라는 것이다. 즉 중도지체장애인의 재활을 돕기 위한 전제조건은 인간존엄성에 바탕을 두고 클라이언트의 자기결정과 선택의 존중, 클라이언트의 능력강화(empowerment)를 강조하는 개입이어야 한다는 것이며 이것은 사회복지실천의 중심원리이며 최근의 장애정의에서 환경요소와 개별적 요소를 동시에 강조하고 있는 관점과도 일치하는 것이다. 의미요법에서는 기법만 가지고 대상자를 조종해서는 안 되며 더구나 뜯어고쳐야 할 사물로 만드는 것이 아니라 그들을 자유롭고 책임 있는 존재로 이해하고 치료자와 동등한 인간으로 받아들여야 함을 강조하고 있다. 다시 말하면 문제는 결코 기법 자체에 있는 것이 아니라 그 기법을 사용하는 정신(spirit)에 있다는 것이다.

또한 상실에 대한 새로운 관점을 갖도록 하는 것이 중요하다. 그러나 사회복지사의 세계관이나 가치관을 강압해서는 안 되고 어디까지나 클라이언트가 자발적으로 삶의 의미를 찾도록 도와야 한다. 즉 삶에는 영원히 가치 있는 측면들이 있고, 다른 측면은 한시적이라는 관점을 발전시킴으로써, 무의미한 상실과 연관된 우울과 스트레스를 극복할 수 있도록 도와야 할 것이다. 그러나 사회복지사는 실존적인 사실들과 관련하여 사람들이 도피하는 경향으로 도와주지 않도록 조심해야 한다. 인간이 불가피하고 변화시킬 수 없는 운명을 만나게 될 때 취하는 자세와 태도야말로 실존적 고통을 하나의 위업으로 전환시킬 수 있으며, 이러한 능력은 인간만이 가질 수 있는 것임을 알게 해 주어야 할 것이다.

나아가 사회복지사는 자신의 일을 통하여 자기존재에 대한 가치와 의미를 발견할 수 있고, 타인에 대한 자기초월의 자세를 가짐으로써 사회복지사로서의 역할수행에 대해 가치를 부여하는 것이 가능하다고 생각되며, 이러한 과정을 통하여 사회복지사는 사회복지서비스를 제공받는 이들에게 자신의 실존적 의미를 되찾을 수 있는 용기를 부여해 줄 수 있을 것이다. 즉 사회적 소외감과 무력감, 무기력에 빠진 이들의 정신성에 진정한 자신의 가치를 찾을 수 있도록 도움을 줄 수 있을 것이기 때문이다. 이는 인간에게는 자신의 삶에 대한 주인으로서 당당하게 세상을 마주할 수 있는 선택을 할 수 있도록 용기를 주기 때문이다. 모든 사람에게 있어서 삶은 의미를 갖고 있으며 어떤 상태하에서도 생명은 의미를 가지고 있는 채로 남아 있다는 사실을 중도장애인들에게 보여줄 수 있어야 할 것이다.

셋째, 본 연구는 중도지체장애인의 심리적 적응에 영향력이 있는 종교관련 변인을 구체적으로 제시함으로써, 장애인복지실천의 종교관련 프로그램 다양화에 기여한다. 장애는 매우 복잡한 현상으로서 특히 중도장애인에 대한 개입은 총체적이어야 한다. 즉 인간을 단순히 생리적 존재만이 아닌 사회, 심리적, 영적으로 통합된 하나의 유기체적 존재(bio-socio-psycho-spiritual being)로 보는 실천적 개입은 부분의 합 이상으로 보고, 전체로서의 유기체적인 인간에 초점을 두어 전인적 개입을 수행하여야 한다. 지금까지는 중도장애인의 심리적 재활에 대한 개입의 중요성이 활발히 논의되지 못하였으며, 실천현장에서는 신체적 장애에 대한 의료적 재활과 직업재활에 초점을 둔 개입이 주를 이루어 왔다. 이러한 경향은 배우자를 포함한 가족이나 중도장애인의 심리적 문제에 대한 개입이 소홀하게 되어 재활사업의 효과성 측면에서 많은 문제점들이 제기되었다. 그러나 본 연구는 구체적으로 중도지체장애인의 심리적 적응에 영향을 미치는 인구사회학적 요인과 종교관련 요인을 각 하위요인별로 세분하여 살펴봄으로써 프로그램 개발의 기초 자료를 제시하였다. 구체적으로 본 연구결과를 통하여 중도지체장애인을 위하여 고려할 수 있는 프로그램으로 다음과 같은 것들이 있다.

① 본 연구의 결과, 중도지체장애인들의 반수 이상이 가족(배우자가 절대 다수)의 보호에 의존하는 것을 알 수 있었고, 대상자의 인구사회학적 요인 중에서 측정변인에 영향을 미치는 주요 요인은 장애 정도와 가족소득이었다. 이러한 결과는 장애 정도가 심한 중증장애인의 경우 일상생활을 위한 의존도가 높기 때문에 가족의 보호부담과 스트레스 및 우울의 문제가 매우 심각함을 의미한다. 따라서 재가복지 서비스에 대한 기본적인 교육을 받은 자원봉사자들을 저소득층 중증장애인 가정에 우선적으로 파견함으로써 가족들의 부양부담을 덜어주어 가족 간의 갈등을 예방하고 나아가 가족해체의 위험요인들을 감소시켜 줄 수 있을 것이다. 지역사회 내의 교회와 장애인복지기관과의 연합활동으로 이루어질 때 더욱 효과적인 개입이 될 수 있을 것이다.

② 지역사회 교인들의 장애인복지 활동에 대한 동기부여와 훈련을 강화시켜 나가야 한다. 즉 교회봉사자들을 위한 전문교육을 실시하여야 하는데 교회는 주로 교인에게 이웃 사랑은 강조하고 있지만 실제 사회봉사활동 속에 교인들을 참여시켜 사랑을 실천하도록 가르치는 일에 등한시 하고 있으므로 지역사회 내의 사회복지기관들이 지역교회 봉사자들에 대하여 전문교육 훈련 프로그램을 실시하여 장애인복지와 관련된 자원봉사활동의 철학과 태도를 훈련시키는 것이 필요하다. 특히 일방적인 봉사행위를 지속하는 형태 즉 의식주에 대한 물질만을 제공하거나 일시적인 레크리에이션을 통한 교제차원의 만남이 아니라 장애인과의 깊은 관계형성을 통한 영적인 후원자로서의 역할이 중요함을 일깨워주어야 한다.

③ 본 연구에서는 중도지체장애인의 심리적 적응에 영향을 미치는 요인들을 규명하였는데, 종교의 개인적 동기(종교의 본질적 성향)가 대상자의 우울 등과 같은 정신건강에 미치는 영향과 중요성은 여러 연구논문에서 지적되었으나, 중도지체장애인의 종교성 정도가 심리적 적응에 미치는 영향에 관한 연구는 이루어지지 않아 본 연구에서는 이들 간의 관계를 검증함으로써 종교를 믿는 목적(동기)보다는 공적 종교활동에의 참여 정도와 본인이 인지하는 종교의 필요성이 중도지체장애인의 심리적 적응에 중요한 영향을 미치고 있음을 밝혀내었다. 또한 장애개념의 변화로 인한 장애인복지서비스의 새로운 패러다임은 장애인의 주체적인 참여를 강조하고 있다. 따라서 종교활동을 포함하는 집단의 활성화가 중요하다고 할 수 있다. 다른 사람으로부터 지혜와 통찰력을 얻은 경험이 있는 클라이언트로부터 도움을 받는 방법은 능력강화 개입에서도 강조하고 있다. 즉 연구결과에서 보여주었듯이 종교활동을 활발히 할수록 종교의 심리적인 순기능의 영향이 더 크게 나타나므로 종교적 활동을 포함하는 집단사회사업 프로그램이 필요하다. 먼저 사회복지사는 종교를 통하여 가치가 확대됨으로써 장애를 능력의 단순한 제한이라고 인식하게 되는 일련의 과정을 이해하고 장애의 수용을 위하여 장애인 자신의 중요성을 인식시키고, 타인에 대한 비교가치보다는 자신에게 있어서의 가치를 중요시하도록 개입하여야 할 것이다. 즉 신체적인 가치를 덜 강조하고 개인의 인격적, 정신적 가치를 인식하도록 지지하면서 기관 내에서 예배나 기도모임 등의 활동을 포함하는 자조집단을 활성화시키거나, 지역사회 내 종교기관과 단체 등에 연계하거나 정보를 제공하는 등의 역할을 수행한다면 신체적 장애라는 어떤 기능적인 한계를 지나치게 받아들여 삶의 여러 영역에 일반화시키는 능력장애를 예방하고 기능을 촉진시킬 수 있는 상황적 요인이 될 것이므로 이러한 종교적 자원을 적극 활용하여야 할 것이다.

넷째, 본 연구를 통하여 장애인에 대한 물질적 지원만 가지고는 문제를 전부 해결할 수 없음을 알 수 있었다. 의미요법에서 인간은 영적인 존재임을 강조하였듯이 장애인도 영적인 욕구가 채워져야 할 것이다. 사실 장애인이 겪는 대부분의 문제가 사회의 편견 때문에 발생한다고 해도 과언이 아닐 것이다. 그러므로 교회는 장애인에 대한 사회적 편견에 대한 의식개선을 위한 홍보에 앞장서서 장애인도 하나님 앞에 동등하게 존엄한 인간임을 인식시켜서 장애인들이 자신의 장애를 특출하게 여기지 않도록 해야 하며, 이러한 영적 자원을 활용하여 장애인의 가치관이 확대되도록 도움을 제공해야 하는데 교회가 장애인복지에 꼭 참여해야 할 이유가 여기에 있는 것이다. 즉 교회가 지원하는 그 어떤 지원보다도 장애인을 위한 영적인 자원을 최대한 활용하여 자신의 장애를 수용하고 삶의 의미를 찾을 수 있도록 하는 심리적 적응에 힘쓰는 것이 가장 시급하고 중요하다는 것을 강조하고 싶다.

3. 정책적 함의

본 연구를 통하여 논의할 수 있는 정책적 함의를 살펴보면 다음과 같다.

첫째, 중도지체장애인들이 갑작스런 장애로 인해 갖게 된 심리적 문제의 완화를 통한 재활의욕의 고취와 능력장애의 예방은 장애인의 전인재활에 있어서도 중요한 분야이므로 중도장애인을 위한 재활정책에도 반영되어야 한다. 직업재활 서비스는 양적 확대에 치중하는 경향을 나타내고 있다. 또한 현재 사회복지서비스기관에서 실시하고 있는 심리재활을 위한 대인 서비스 프로그램은 장애아동, 청소년, 정신지체인 등 선천성장애인들을 주요 대상으로 하고 있고 중도장애인들을 대상으로 하는 심리적 재활 서비스는 부재한 실정이므로 심리적 재활 서비스가 의료재활 서비스에 포함되어야 할 필요가 있다. 현재 중도장애인은 심리적 문제에 대해서는 어떤 서비스가 제공되고 있는지, 어디에서 받을 수 있는지에 대한 정보조차 가지고 있지 않다. 중도장애인의 심리적 문제가 의료재활 기간 중에 함께 진행된다면 재활이 효과적으로 이루어질 뿐만 아니라 재활동기를 높여 결국 사회비용이 감소될 수 있을 것이다. 장애인의 자살시도는 대개 환자들이 심리치료를 받지 않고 의료재활 프로그램만 마치고 퇴원한 경우에 많이 발생한다(Hutcherson & Krueger, 1980)고 한다. 특히 중도장애인에게 만성적으로 존재하는 우울증은 전반적인 대인관계상의 문제들뿐만 아니라 개인의 사회적 네트워크 가운데 가장 일차적이고 기본적인 관계인 가족관계에 특히 심각한 부정적 영향을 미치게 된다. 부부 상호 작용을 직접 관찰했을 때 우울증 환자가 배우자에 비해 갈등, 긴장, 부정적 표현을 많이 하였고 대화를 중단하거나 침묵하는 경우가 많으며, 낯선 사람보다도 배우자와 상호 작용이 더 부정적이었다는 결과(Hinchliffe, Hooper & Roberts, 1978), 그리고 우울증에서 회복되면 전반적 부부관계가 호전된다는 결과(Hinchliffe 등, 1978)가 있다. 따라서 이러한 심리적 적응을 위한 프로그램은 신체적 장애로 인한 능력장애가 유발되지 않도록 함은 물론 중도장애인의 부부간 재적응과정에도 영향을 미쳐 결국 가족해체를 예방할 수 있다는 것이다. 구체적으로 입원 중에는 개별상담 및 집단상담 등으로 심리적 문제에 접근하고, 퇴원 후에는 지역사회기관과 종교기관과 같은 비공식적인 원조망들에 의해서 제공될 수 있는 자원들과 필요한 서비스들을 클라이언트에게 연결시키는 것이다. 즉 사례관리의 차원으로 특히 장애의 정도와 경제상태를 고려하여 대상자에게 지속적인 관심을 갖고 심리적 적응을 돕기 위한 사후 서비스를 제공한다면 대구 지하철 참사와 같은 사회적인 비극까지도 예방할 수 있을 것이다. 자립생활 모델에서도 소비자들에게 지역적인, 종교적인 자원들에 대한 정보를 제공하고 소비자들이 이 자원들과 서비스들에 접근할 수 있도록 하는 개입목표에 초점을 두고 있다. 특히 종교적 공동체에의 참여는 사람이 안정된 사회적 조직에 머무르기 때문에 사회적 소외감 문제를 해결할 수 있고, 삶에 대한 균형되고 전체적인 관점을 유지하도록 도울 수 있기 때문에 종교를 중재로 하는 전인적인 개입을 위한 서비스가 국가의 공적 기관에 의해 지원되어야 할 것이다.

둘째, 일상생활에서 가장 도움을 주는 사람이 누구인지를 묻는 질문에서 대상자의 반수 이상이 가족의 보호에 의존하는 것을 알 수 있었고, 특히 배우자가 절대적인 다수를 차지하고 있었다. '사회복지사'에 의한 개입은 미비한 것으로 나타났고, '장애인 단체, 동사무소' 등으로부터의 공식적인 사회적 지원도 거의 받고 있지 못함을 알 수 있었다. 즉 중도장애인들은 아직도 사적인 지원에 의존하고 있으며 공적인 지지망의 확충이 필요하다는 것을 보여주고 있다. 또한 본 연구를 통하여 중노지제상애인의 장애 정도와 가속의 소득이 대상자의 심리적 적응에 영향을 미치는 변인임을 알 수 있었다. 따라서 저소득층이며 장애 정도가 심한 중도지체장애인 가족들의 보호부담을 경감시키기 위해 현행 수급권자에 한해서 지급되고 있는 장애수당을 저소득층 중증장애인에게는 수급권 여부와 관계없이 지급되어야 할 것이다. 또한 가족 내 역할에 대한 분담을 촉진하고 자원봉사자를 활용하여 배우자에게 정서적 지지를 제공하고 가사노동과 보호부담을 덜어줄 수 있는 가족지원 서비스의 제도화가 필요하다. 나아가 중도장애인 배우자들이 겪고 있는 심리적 문제에 대한 전문적인 서비스도 고려해야 할 것이다.

셋째, '장애인' 과제들이 한국교회 안에서 개교회적인 사업이나 프로그램으로서의 발전이 아니라 국가의 정책과 협력 또는 공동의 관계 안에서 실시되어야 하며 '국민복지'와 관련 있는 교회 프로그램을 위한 재정은 국가의 복지예산에 의해 지원되어야 할 것이다. 사회복지와 '장애인'을 위한 교회봉사의 과제들이 교회조직에 의하여 실시되는 사랑의 실천행위로 이루어지되 그 대상의 범위는 항상 '국민복지'라는 광의의 개념 안에서 실시되어야 함을 인식해야 할 것이다.

교회를 통한 사회복지실천은 수혜자와 단순히 물질을 나누는 것 이상의 감정적, 정서적, 영적 교감이 동반되어 제도적인 복지에서 결핍되기 쉬운 것을 보완할 수 있을 것이다. 뿐만 아니라 정보통신 혁명과 생산기술의 혁명이 세계자본주의 경제를 질적으로 변화시켜 선진복지국가에서도 복지국가에 대한 비판으로 일하는 복지(workfare)를 강조하고 있으며, 한국도 생산적 복지를 강조하며 서비스의 공급 주체의 다원화를 지향하고 있는 상황에서 타 민간기관을 비롯한 교회와 종교단체의 역할이 어느 때보다도 중요한 시기에 있다. 특히 본 연구의 결과에서 보인 바와 같이 종교성과 가족소득은 중도장애인의 심리적 적응에 중요한 영향을 주는 요인으로 자리잡고 있으므로, 종교조직을 통한 정신적(spiritual), 사회적(social) 지원이 보다 강화되어야 한다는 점이다. 뿐만 아니라 장애인이 지역사회에서 최대한의 독립적인 생활을 영위할 수 있도록 하기 위해서는 장애인복지 서비스기관에서 제공하는 서비스만으로는 충분하지 않으며, 또한 장애인이 공식적인 체계에 완전히 의존하는 상태는 바람직하지 않을 수도 있으므로 자연적·비공식적 원조망에 대한 접근을 강화해야 한다(김용득, 2002)고 하였다. 이를 위해서 교회기관을 포함한 지역사회 민간지원 기능들이 서비스 계획을 수립할 때 장애인 당사자와 가족 및 공식적인 서비스 제공기관과 같이 회합에 참여해서 정보를 공유하고 기여할 수 있는 요소들을 서로 토론하며, 각 자의 역할을 제안할 수 있어야 할 것이다. 본 연구에서 종교를 가진 중도장애인의 경우에 종교단체로부터 도움을 받는다고 응답한 사람이 겨우 0.9%에 불과했었다. 따라서 종교조직과 단체들은 영적 자원과 물질적 자원을 통하여 보다 적극적인 지원을 함으로써, 중도장애인들의 심리적인 위기를 극복하는 데 큰 역할을 담당할 수 있을 것이다.

이러한 종교단체의 사회적 책임에 기초한 사회복지의 자발적 참여는 국가의 복지향상을 위한 순수한 공동체 의식의 발로라 할 수 있으며, 특히 사회의 모든 안전망의 보호를 받지 못한 장애인들의 복지욕구를 해결하여 준다면 교회가 지역사회의 한 부분을 담당하는 역할을 하게 될 것이다.

넷째, 교회가 운영 주체로서 기관을 운영할 때 교회 고유의 영적 프로그램이 확보되어야 한다. 즉 일반 교회에서 자체적으로 운영하는 교회에서는 영적 프로그램을 활용하는 반면 기관을 운영하는 교회에서는 영적 프로그램 활용이 자유롭지 못하다는 것이다. 따라서 교회의 장애인복지 참여의 활성화와 교회만이 가지고 있는 영적 자원을 적극적으로 활용한 장애인들의 심리적 적응을 포함하는 전인적인 재활 프로그램을 자유롭게 할 수 있도록 정책적인 배려가 있어야 할 것이다.

Ⅲ. 후속연구를 위한 제언

다음은 본 연구과정에서 제기된 이슈를 중심으로 후속연구를 위한 몇 가지 제언을 하고자 한다.

첫째, 중도지체장애인의 종교성은 부부관계에서 인내와 용서, 이해와 사랑의 가르침으로써 배우자와의 불화를 극복하도록 도와주는 등 배우자와의 적응력을 높여주어 부부생활 전반에 긍정적인 영향을 미치고 있음을 살펴보았다. 이러한 연구결과를 근거로 하여 볼 때 종교가 부부적응에 미치는 영향력은 배우자와의 종교적 가치관이 일치할 때 더욱 효과적인 기능을 할 수 있을 것이라는 추측을 할 수 있다. 특히 국내에서는 중도장애인 부부에 관한 연구가 부족하며, 특히 중도장애인 부부를 위한 구체적인 개입에 대한 연구가 부족한 실정이다. 따라서 후속연구에서는 중도장애인 부부간의 종교유무나 종교성향의 일치, 종교활동 변인 그리고 배우자의 종교성이 부양부담에 미치는 영향 등에 관하여 연구를 한다면 이들을 위한 실천에 더 많은 자료를 제공해 줄 수 있을 것이다.

둘째, 교회의 장애인복지 프로그램에 관한 선행연구들은 신학적, 선교적인 측면에서의 연구가 대부분이고 사회복지 분야에서는 교회의 장애인고용 준비성과 장애인복지사업의 개괄적인 내용 그리고 하나의 교회 장애인복지사업 모형연구와 교회의 그룹홈 사업의 참여방법 등을 서술하였는데 후속연구에서는 효과적인 교회의 장애인복지 프로그램에 관한 사회과학적 연구가 활성화되어야 할 것이다.

셋째, 본 연구는 횡단적 연구이므로 중도지체장애인의 배우자적응과 심리적 문제의 경우, 장애를 입기 전의 배우자적응과 심리적 상태를 고려하지 못하여 장애 발생 이후에 변화한 배우자적응과 심리적 상태를 정확히 측정할 수 있었는가 하는 문제를 제기할 수 있으며, 특히 장애수용과 같은 태도는 변화될 수 있는 특성을 가지고 있으므로 적응의 과정에서 나타날 수 있는 다양한 특성을 파악할 수 있도록 후속연구에서는 종단적 연구를 실시하는 것이 적절하다고 생각한다.

넷째, 본 연구에서는 주요 측정변인에 영향을 미칠 수 있는 요인으로서 인구사회학적 특성과 장애관련 특성 등을 살펴보고, 이 가운데에서 성별, 연령, 학력, 가족의 월 소득, 장애 정도, 장애기간을 통제변수로 정하였는데, 후속연구에서는 대상자의 인성적 특성을 고려한다면 임상실천을 위하여 보다 체계적인 입증을 시도할 수 있을 것이다.

다섯째, 본 연구에서는 대상자의 종교성과 종교적 동기를 측정하기 위하여 외국의 척도를 번안한 것을 사용하여 타당화된 것을 사용하였으나 우리나라의 문화에 맞는 종교성향을 측정하기에 타당한 검사도구의 개발이 필요하고 대상자의 모든 종교를 포함하여 측정할 경우에 종교성향 질문지가 어느 한 종교에 치우친 것이 되지 않도록 하여야 할 것이다. 또한 본 연구에서 사용하고 있는 부부적응척도는 비장애인부부를 대상으로 개발된 것이므로 장애인부부에게 활용할 수 있는 척도 개발이 이루어져야 할 것이다.

마지막으로, 본 연구의 조사 대상은 입원 중인 중도지체장애인들을 포함하지 못하고 1차 적인 의료재활이 끝나고 퇴원한 중도지체장애인들만을 대상으로 하였는데, 입원 중인 중도장애인들은 초기의 신체적인 적응과 수용이 어려워 접근하기가 용이하지 않았으며 의료진들로부터 협조를 구하기도 어려웠다. 그러나 후속연구에서는 초기 적응단계의 중도장애인들에 대한 탐색적인 조사연구가 이루어져야 이들의 어려움을 보다 잘 구분하여 제시할 수 있을 것이다. 장애로 인하여 개인이 겪게 되는 다양한 심리적 측면에서의 유의점을 살펴보기 위해서는 장애의 발생시점에 대한 논의는 중요하기 때문이다. 또한 장애라는 현상은 매우 복잡하고 다양한데 특히 중도장애에 대한 선행연구가 많지 않으므로 향후 보다 다양한 모집단 특성을 가지고 있는 중도장애인 집단에 대한 체계적인 연구가 필요하다고 생각된다.

참고문헌

강은령(1988), "부부의 결혼적응에 관한 연구 - 취업부부 / 비취업부부를 중심으로 -", 이화여자대학교 석사학위논문

강재륜(1996), 『철학』, 일신사

고명주(1995), "Frankl의 의미요법에 관한 일고찰", 제주대학교 학생생활연구소, Vol.16, No.1.

권도용(1995), 장애인 재활복지, 홍익제

권도용(1996), "장애인 재활복지의 이념과 영역", 장애우대학자료집, 장애우권익문제연구소

권도용(1998), "사회재활의 분석과 통합체계", 인암 조일묵선생명예박사 학위수여 기념논총

김남송(1994), "장애인복지와 교회의 역할", 기독교사회복지, 제4호, 서울신학대학교 기독교사회복지연구소

김동연, 임호찬(2000), 재활심리학개론, 동아문화사

김득성(1986), "Spanier의 결혼적응척도에 대한 연구(Ⅰ, Ⅱ)", 부산대학교 가정대 연구보고 제12편

김명언(1998), 조직감량의 희생자, 생존자 그리고 집행자: 경제불황의 심리적 반응, 한국심리학회 춘계심포지엄, 97-148.

김수영(1999), "여성장애인의 사회통합을 위한 사회심리재활에 관한 연구", 대구대학교 박사학위논문

김승아(1996), "중도장애인의 심리특성이 취업에 미치는 영향에 관한 연구", 한국장애인고용촉진공단

김용득(2002), "장애개념의 변화와 사회복지실천 현장 함의", 한국사회복지학, vol.51, 겨울호, 157-182

김유철 외 3인(1993), "퇴원 후 가정재활교육실천에 영향을 주는 요인", 대한재활학회지

김은영(1999), "전인치유를 위한 영성적 목회심리치료 연구", 연세대학교 대학원 석사학위논문

김쟁산, 전영수(1983), "부부간의 커뮤니케이션이 부인의 결혼만족도에 미치는 영향에 관한 연구", 부산대학교 가정대학 연구보고, 제9집

김정원(1987), "가족생활주기에 따른 부부의 적응에 관한 조사연구", 이화여자대학교 석사학위논문

김준호·변원탄·김명정(1984), 기독교인의 신앙치료에 대한 태도조사, 신경정신의학 23(1), 50-60

김진원(1995), "종교와 삶의 의미수준, 불안과의 관계", 이화여자대학교 석사학위논문

김한양(2000), "장애인 가구의 주거입지분석과 주거대책에 관한 연구", 대구대학교 박사학위논문

김혜선(1992), "배우자 선택과정과 결혼적응도 간의 관계", 숙명여자대학교 박사학위논문

김홍민(1997), "한국교회 장애인복지선교 사업에 관한 연구", 한신대학교 신학대학원 석사학위논문

나동석(1992), "장애인의 사회적응과 사회적 지지의 활용에 관한 연구", 한국새활새단논문집, 한국재활재단

류지선(2001), "지역사회 임파워먼트 과정에 있어 사회복지사의 역할에 관한 연구", 부산대학교 석사학위논문

Malcolm Stuart Payne(2001), 서진환외 공역, Modern Social Work Theory (현대사회복지실천이론), 나남

문동팔(1997), "장애인 이미지 형성과 사회통합에 대한 종사자 인식연구", 중앙대학교 석사학위논문

문혜숙(1993), "부부적응과 성적적응에 따른 부부관계 유형연구", 동국대학교 박사학위논문

민은식(1990), "사회심리적 재활사업의 현황과 개선방안", 민은식 유고집, 삼육재활원

박공식(2000), "장애인의 사회통합을 위한 교회의 역할에 관한 연구", 광주가톨릭대학교 석사학위논문

박수경(1997), "산업재해장애인의 사회통합에 영향을 미치는 요인에 관한 연구", 연세대학교 대학원 박사학위논문

박승규(2001), "사회사업가의 전문직업적 정체성에 영향을 미치는 요인들에 관한 연구", 강남대학교 석사학위논문

박영호 역(1994), 죠르다니 신부의 영성지도-영성생활을 위한 심리학적 도움, 미루나무

박월선(2000), "지역사회를 위한 교회의 사회복지실천방안", 한남대학교 지역개발대학원 석사학위논문

박정근(1973), "종교활동이 행동변용에 미치는 영향에 관한 연구", 중앙대학교 석사학위논문

박정미, 유동훈, 안방환(1994), "척수손상환자들의 퇴원 후 사회적응에 관한 연구", 대한재활의학회지, 제18권, 제2호

박종삼(1999), "장애인 선교에 있어서 교회의 역할과 가능성", 제2회 장애인 선교정책 세미나 자료집, 세계밀알연합회

박형태(2001), "장애인복지제도와 그 개선방안에 관한 연구", 고려대학교 석사학위논문

변소현(1998), "장애인 사회통합에 영향을 미치는 요인 연구", 이화여대 석사학위논문

배상봉(2000), "장애인복지증진을 위한 원격교육 활성화 방안에 관한 연구", 연세대학교 석사학위논문

백기주(1995), "산업재해 입원환자의 스트레스 지각, 자기 지각, 사회적 지지와 우울에 관한 연구", 연세대학교 보건대학원 석사학위논문

빅터 E. 프랭크, 이태우 역(1983), 『심리요법과 현대인』

사회복지정보원 기독교사회복지 자료실(http://welfare.or.kr)

손진욱·이부영(1983), 기독교 교역자들의 정신병관 및 치료개념, 신경정신의학 22(1), 57-66

송말희, 이정우(1986), "도시주부의 커뮤니케이션 이해도와 결혼만족도 간의 관계연구", 한국가정관리학회지, 제4권 1호

신혜진(1991), "내적 - 외적 종교성향과 편견과의 관계연구", 고려대학교 대학원 석사학위논문

안일남, 오정희(1987), 척수손상 환자의 우울 경향에 관한 연구, 대한재활의학회지, 11, 37-47

양현주(1991), "지체장애자의 사회적응요인에 대한 연구", 이화여자대학교 대학원 석사학위논문

오명숙(1978), "결혼적응도와 관련 변인에 관한 연구", 이화여자대학교 석사학위논문

오성진(2001), "장애인 편의시설 확충방안에 관한 연구", 대구대학교 석사학위논문

우봉순(1974), "수족절단자의 사회적응에 관한 조사연구", 이화여자대학교 대학원 석사학위논문

유명화(1992), "장애인 직업재활 프로그램의 성과분석", 성심여자대학교 대학원 석사학위논문

유양숙(1998), "척수손상인 부부의 문제와 부부관계증진 프로그램 적용에 관한 연구", 숭실대학교 대학원 박사학위논문

유영달(2000), "의미치료의 기법으로서 역설적 의도와 반성제거", 심리과학, Vol.9, No.1.

유형심(1979), 목회심리학, 서울: 기독교문학연구소 출판부

윤주병(1986), 종교심리학, 서광사

이경희(1996), "중도척수손상자의 사회적응을 위한 재활체계모형", 부산대학교 박사학위논문

이달엽(1987), "지체장애 청년의 신체상 및 자·타자 수용도 연구", 연세대학교 대학원 석사학위논문

이동원(1988), "도시 부부의 결혼의 질에 관한 연구", 연세대학교 박사학위논문

이동태(1997), "기독교 가정의 갈등과 그 해소 방안에 관한 연구-부부갈등을 중심으로-, 장로회신학대학교 석사학위논문

이만재(1997), 교회가기 싫은 77가지 이유, 규장

이미희(2000), "한국 장애인 고용정책의 전개과정과 장애인 고용활성화 과제에 관한 연구", 신라대학교 석사학위논문

이병은(1999), "우리나라 장애인의 소득보장제도에 관한 연구", 경희대 학교 석사학위논문

이성규(2000), 사회통합과 장애인복지정치, 나남

이영호, 송종용(1991), BDI, SDS, MMPI-D 척도의 신뢰 및 타당도에 대 한 연구, 한국심리학회지, 10(1), p.98-113

이옥선(2001), "척수장애인이 인지하는 사회적 지지와 재활동기 간의 관 계", 가톨릭대학교 석사학위논문

이원규(1991), 종교사회학, 서울: 한국신학연구소

이원규(1994), 한국교회의 현실과 전망, 성서연구사

이원규(1997), 종교사회학의 이해, 서울: 사회비평사

이인구, 한혜연, 김희상, 나영설, 안경희(1988), 뇌졸중 환자의 정서장애, 대한재활의학회지, 12(1), 33-38

이인학(1998), "장애인의 치료만족도에 따른 지역사회중심재활에 관한 연구", 경산대학교 박사학위논문

이정희·이부영(1983), 기독교신앙치료의 심리학적 고찰, 증례추적조사 를 중심으로, 신경정신의학 22(1), 67-80

이종남(1993), "장애인에 대한 일반인의 태도에 관한 연구", 성심여자대 학교 대학원 사회사업학과 석사학위논문

임신영 외 5인(1997), "척수손상부부의 결혼만족도 및 적응도에 관한 조 사", 아주의대 재활의학교실, 대한재활의학회 추계학술대회 초록집

장상원(2002), "중도지체장애인의 사회재활을 위한 사회복지사의 개입에 관한 연구", 대구가톨릭대학교 석사학위논문

장세진(1996), "스트레스 연구의 의료사회학적 접근에 대한 평가와 전 망: 이론적 고찰", 한국사회학, 30(봄): 125-149

장윤정(2000), "장애인 생활환경 개선에 대한 실증적 요구조사", 연세대 학교 박사학위논문

전한종(1984), "기독교 가정의 영적 활성화를 위한 연구", 총신대학교 석사

학위논문

정무성(1995), "장애인의 사회적 통합을 위한 교회의 사회복지적 역할", 신학과 선교 제20호, 서울신학대학교

정순일, 한내창(1997), "종교성과 사회윤리관과의 관계에 관한 연구", 한국사회학, 31(가을), 645-670

정지아(1999), "의료시설의 접근을 위한 장애인 편의시설 실태분석", 한양대학교 석사학위논문

정현주(2001), "사회재활 교사의 직무만족도에 관한 연구", 단국대학교 석사학위논문

정형석(1995), "한국교회의 장애인복지사업에 관한 연구", 단국대학교 행정대학원 석사학위논문

조애록(1997), "한국교회의 장애인복지 모형 연구", 서울신학대학교 사회복지대학원 석사학위논문

조은숙(1990), "남편의 근무관련변수와 부인의 결혼적응간의 관계", 서울대학교 석사학위논문

조흥식(1995), "장앤복지를 위한 효과적인 교회의 정책", 기독교사상, 437호, 대한기독교서회

최순남(1998), "교회 사회봉사 프로그램 실천을 위한 계획과정에 관한 연구", 한신논문집, 제15집 1권

최연신(1989), "건전한 가정생활을 위한 교회부부교육에 관한 연구", 장로회신학대학교 석사학위논문

한국갤럽조사연구소(1990), 한국인의 종교와 종교의식

한국보건사회연구원(2001), "2000년도 장애인 실태조사 결과(요약)", 보건복지부웹사이트. http://www.mohw.go.kr

한재희(1992), "기독교인의 종교성향에 따른 삶의 의미와 종교적 만족도", 고려대학교 대학원 석사학위논문

한주랑(1986), "척수 장애인의 자아상과 우울감과의 관계", 연세대학교 간호학과 석사학위논문

한홍무, 염태호, 신영우(1986), Beck Depression Inventory의 한국판 표준

화 연구-정상집단을 중심으로, 신경정신의학, 25(8), 487-502

허재만(1999), "장애인 재활정책의 발전방안에 관한 연구", 경원대학교 석사
학위논문

홍윤미(1993), "척수손상자가 지각한 사회적 지지와 사회심리적 적응에
관한 연구, 연세대학교 석사학위논문

히라야마야사시, 권도영·나운환 역(1994), 장애인의 성과 결혼, 서울:엘맨

Abramson, Lyn Y., Martin E. P. Seligman & John D. Teasdale(1978).
"Learned Helplessness in Humans: Critique and Reformulation",
Journal of Abnormal Psychology 87: 49-74.

Albrecht, S. L. (1979). "Correlates of marital happiness among the
remarrieds". Journal of Marriage and the Family, 41(November),
857-867.

Allport, Gordon W. (1960). Personality and Social Encounter, Boston:
Beacon Press.

Allport, G. W. and J. M. Ross(1967). "Personal religious orientation and
prejudice". Journal of Personality and Social Psychology, 5:
432-443. Quoted in 정순일, 한내창(1997), 종교성과 사회윤리관과
의 관계에 관한 연구, 한국사회학, 31(가을), 645-670.

Alpert, H. (1961). Emile Durkheim and His Sociology. New York:
Russell and Russell. Quoted in 이원규(1997), 종교사회학의 이해,
사회비평사.

Althauser, Robert P. (1990). "Paradox in popular religion: the limits of
instrumental faith", Social Forces, 69(2, Dec.): 585-602.

Antonovsky, Aaron(1980). Health, Stress, and Coping, Jossey-Bass.

Argyle, M., and Beit-Hallahmi, B. (1975). Social psychology of religion /
London: Routledge and Kergan Paul.

Arkowitz, H., Holiday, S., & Hutter, M. (1982). Depressed women and
their husbands; A study of marital interaction and adjustment.
Paper presented at the Annual Meeting of the Association for the

Advancement of Behavior Therapy, Los Angeles.

Battle, V. D. (2001). "The Effects of Religion and Spirituality on Depressed Mood in Individuals Faced with Serious Illness or Bereavement". Doctoral dissertation. New Brunswick, Rutgers, The State Univ. of New Jersey.

Berkman, Lisa F. and S. L. Syme(1979). "Social networks, host resistance, and mortality: a nine-year follow-up study of Alameda country residents". American Journal of Epidemiology, 109(2): 186-204.

Biglan, A., Hops, H., Sherman, L., Freedman, L., Arthur, J. & Osteen, V. (1985). Problem solving interactions of depressed mothers and their spouses. Behavior Therapy, 16, 431-451.

Bracken, M. B., Shepard, M. J., & Webb, S. B. (1981). Psychological response to acute spinal cord injury: An epidemiological study. Paraplegia, 19, 271-283.

Buckelew, S. P., Frank, R. G., Elliott, J. R. & Chang, J. (1991). Adjustment to Spinal Cord Injury, Stage Theory Revisited, Paraplegia, 29.

Bullis, R. K. (1996). Spirituality in social work practice. Washington, DC: Taylor & Francis.

Burnham. L., & Werner, G. (1978). The high-level tetraplegic: Psychological survival and adjustment. Paraplegia, 16, 184-192.

Carol, S., JoAnn, H. (1991). Poststroke Depression: Neurologic, Physiologic, Diagnostic, and Treatment Implications. Journal of Speech and Hearing Research, 34, 325-333.

Carpenter, J. O. (1974). Changing Roles and Disagreement in families with Disabled Husbands, Arch Phys Med Rehabil, Vol.55.

Clemente, F. & Sauer, W. J. (1976). Life-satisfaction in the united states. Social Forces, 54(March), 621-631.

Cohen, Sheldon and S. Leonard Syme(1985). Social Support and Health Academic Press.

Comarr, A. E. & Gunderson, B. B. (1975). Sexual Functioning in Traumatic Paraplegia and Quardriplegia, American Journal of Nursing, Vol.75, No.2.

Conco, D. (1995). "Christian Patients' View of Spiritual Care", Western Journal of Nursing Research, 17(3), 266-276.

Cox, A. D., Puckering, C., Pound, A. & Mills, M. (1987). The impact of maternal depression in young people. Journal of Child Psychology and Psychiatry, 28, 917-928.

Crewe, N. M. & Krause, J. S. (1988). Marital Relationships and Spinal Cord Injury, Arch Phys Med Rehabil, Vol.69.

Crewe, N. M., Athelstan, G. T. & Krumberger, J. (1979). Spinal Cord Injury: A Comparison of Preinjury and Postinjury Marriages, Arch Phys Med Rehabil, Vol.60.

David M. Boswell & Janet M. Vingrove(1976). The handicapped person in the Community. London: Tavistock Publications in association with The Open University Press.

Devivo, M. J. & Fine, P. R. (1985). Spinal Cord Injury: Its Short-Term Impact on Marital Status, Arch Phys Med Rehabil, Vol.66.

Ebaugh, Helen Rose Fuchs, Kathe Richman and Janet Saltzman Chafetz(1984). "Life crises among the religiously committed: do sectarian differences matter?" Journal for the Scientific Study of Religion, 23(1): 19-31.

Epperson, M. M. (1977). Family in sudden crisis: Process and intervention in a critical care center. Social Work in Health Care, 2, 265-273.

Field, T., Healy, B., Goldstein, S., & Gutherts, M. (1990). Behavior-state matching and synchrony in mother-infant interactions of nondepressed vs. depressed dyads. Developmental psychology, 26, 7-14.

Filsinger, E. F. and Wilson, M. R. (1984). "Religiosity, Socioeconomic Rewards, and Family Development: Predictors of marital adjustment". Journal of Marriage and the Family, 46, 663-670.

Frank, R. G., Kashani, J. H., Wonderlich, S. A., Lising, A., & Visot, L. R. (1985). Depression and adrenal function in spinal cord injury. American Journal of Psychiatry, 142, 252-253.

Frank, R. G., Umlauf, R. L., Wonderlich, S. A., Askanazi, G. S., Buckelew, S. P., & Elliott, T. R. (1987). Differences in coping styles among persons with spinal cord injury: A cluster-analytic approach. Journal of Consulting and Clinical Psychology, 55, 727-731.

Frankl Viktor E. The Will To Meaning-foundations and applications of logotherapy. 이봉우 역. 분도출판사. 1986.

Frankl Viktor E. The Unconscious God. 정태현 역. 분도출판사. 1985.

Frankl Viktor E. Psychotherapy and Existentialism. 이봉우 역. 분도출판사. 1983.

Ghatit, A. Z. E., Hanson, R. W. (1976). Marriage and Divorce After Spinal Cord Injury, Arch Phys Med Rehabil, Vol.57.

Glenn, N. D. and Weaver, C. N. (1978). "A multivariate, multisurvey study of marital happiness". Journal of Marriage and the Family, 40(May), 269-280.

Gurin G., J. Veroff, and S. Feld(1960). American View their Mental Health New York: Basic Books.

Hancock, K. M., Craig, A. R., Dickson, H. G., Chang, E., & Martin, J. (1993). Anxiety and depression over the first year of spinal cord injury: A longitudinal study. Paraplegia, 31, 349-357.

Hannay D. R. (1980). "Religion and health". Social Science and

Medicine, 14A: 683-685.

Hart, Archibald D. 우울증 상담, 심상권 역, 서울: 두란노, 1997.

Heinemann, A. W., Bulka, M., & Smetak, S. (1988). Attributions and disability acceptance following traumatic injury: A replication and extension. Rehabilitation Psychology, 33, 195-206.

Helminiak, D. A. (1996). The human core of spirituality: Mind as psyche and spirit. New York: State University of New York Press.

Hinchliffe, M., Hooper, D., & Roberts, F. J. (1978). The melancholy marriage. New York: John Wiley.

Hood, R. W. (1985). The conceptualization of religious purity in Allport's typology, Journal for the Scientific Study of Religion, 24, 413-417.

Hunt, R. A. and King, M. B. (1978). "Religiosity and Marriage". Journal for the Scientific Study of Religion, 17(December), 399-406.

Hutcherson, P. R., & Krueger, D. W. (1980). Accidents masking suicide attempts. Journal of Trauma, 20, 800-801.

Hyman, M. D. (1972). Social Psychological Determinant of Patients Performance in Stroke Rehabilitation<Arch Phy Med Rehabil, May.

Idler, E. L. and S. V. Kasl(1992). "Religion, Disability, depression, and the timing of death". American Journal of Sociology, 97(4): 1052-1079.

Idler, Ellen L. (1987). "Religious involvement and the health of the elderly: some hypotheses and an initial test". Social Forces, 66(1): 226-238.

Idler, Ellen L. (1995a). "Religion, health, and nonphysical senses of self". Social Forces, 74(2, Dec.): 683-704.

Idler, Ellen L. (1995b). "Religious involvement and social resources: evidence from the data set "Americans' Changing Lives" ". Journal for the Scientific Study of Religion, 34(2): 259-267.

Jacobson, David E. (1986). "Types and timing of social support". Journal of Health and Social Behavior, 27: 250-254.

Johnstone, R. L. (1992). Religion in Society: A Sociology of Religion. Englewood Cliffs, New Jersey: Prentice Hall.

Judd, F. K., Burrows, G. D., & Brown, D. J. (1986). Depression following acute spinal cord injury. Paraplegia, 24, 358-363.

Katz, V., Gordon, R., Iverson, D. (1978). Past history and degree of depression in paraplegic individuals. Paraplegia, 16, 8-14.

Keany, K. C. & Glueckauf, R. L. (1993). Disability and value change: An overview and reanalysis of acceptance of loss theory, Rehabilitation Psychology, 38, 199-210.

Killen, J. M. (1990). Role Stabilization in Families After Spinal Cord Injury, Rehabilitation Nursing, Vol.15, No.1.

King, Michael, Peter Speck, and Angela Thomas(1994). "Spiritual and religious beliefs in acute illness-is this a feasible area for study?" Social Science and Medicine, 38: 631-636.

Koening, H. G., J. N. Kvale, and C. Ferrel(1988). "Religion and well-being in later life". The Gerontologist, 28: 18-28.

Kosek, R. B. (1995). The contribution of Object Relations Theory in Psatoral Counseling. The Journal of Pastoral Care, Winter, Vol.50, No.4, 372.

Kotte, F. J., Strllwell, G. K., & Lehmann, J. F. (1982). "Krusen's Handbook Psychical Medicine and Rehabilitation", 3rd ed, Philadelphia, W. B. Saunders Company.

Krause N. and Van Tran T. (1987). "Stress and religious involvement among older blacks". Journal of Gerontology, 44: 54-513.

Krueger, D. W. (1982). Emotional rehabilitation of the physical rehabilitation patient. International Journal of Psychiatry in

Medicine, 11, 183-191.

Kunz, P. R. and Albrecht, S. L. (1977). "Religion, marital happiness and Divorce". International Journal of Sociology of the Family, 7(July-December), 227-232.

Landis, J. T. & Straus M. G. (1975). Personal adjustment, marriage and the family. New York: Prentice Hall.

Levin, J. S. and K. S. Markides(1986). "Religious attendance and subjective health". Journal for the Scientific Study of Religion, 25(1): 31-40.

Lindenthal J. J., J. K. Myers, M. Pepper, and M. S. Stern(1970). "Meantal status and religious behavior". Journal for the Sceintific Study of Religion, 9: 143-149.

Loach, C. D. & Greer B. G. (1981). Adjustment to Severe Physical Disability, New York: McGraw-Hill Book Company.

Malinowski, B. (1969). The public and the individual character of religion. In N. Bimbaum & G. Lenzer(Eds.), Sociology and religion(pp.144-158). Englewood Cliffs, New Jersey: Prentice- Hall, Inc.

Maton, Kenneth I. (1989). "The stress-buffering role of spiritual support: cross-sectional and prospective investigations". Journal for the Scientific Study of Religion, 28(3): 310-323.

O'Dea, T. F. (1966). The Sociology of Religion. Englewood Cliffs. NJ: Prentice-Hall.

Orthner, D. K. (1975). "Leisure activity patterns and marital satisfaction over the marital career". Journal of Marriage and the Family, 37: 91-102.

Pachalske, A. & Pachalska M. M. (1984). Programme of Active Education in the Psycho-Social Integration of Paraplegics, Paraplegia, 22.

Pargament, K. I., D. S. Ensing, K. Falgout, H. Olson, B. Reilly, & K. Van Haistsma(1990). "God help me(I): Religious coping efforts as predictors of the outcomes to significant negative life events". American Journal of Community Psychology, 18(6), 793-824.

Pargament, Kenneth I., Hannah Olsen, Barbara Reilly, Kathryn Falgout, David S. Ensing, and Kimberly Van Haitsma(1992). "God Help Me(Ⅱ): the relationship of religious orientations to religious coping with negative life events". Journal for the Scientific Study of Religion, 31(4): 504-513.

Parsons, Talcott(1964). The Social System. New York: The Free Press. 재인용: 이원규(1997), 종교사회학의 이해, 사회비평사.

Peterson, Larry A. and Anita Roy(1985). "Religiosity, anxiety, and meaning and purpose: religion's consequences for psychological well-being". Review of Religious Research, 27: 49-62.

Pollock, S. E. (1984). Human Responses to Chronic Illness: Physiologic & Psychosocial Adaptation, Nursing Research, Vol.35.

Robinson, L. C. (1994). "Religious Orientation in Enduring Marriage: An exploratory study". Review of Religious Research, 35, 207-218.

Robinson, R. G., Lyn, B. S., Kenneth, L. K., Thomas, R. P. (1983). A Two-Year Longitudinal Study of Post-Stroke Mood Disorders: Findings During the Initial Evaluation. Stroke, 14(5), 736-741.

Ross, Catherine E. (1990). "Religion and psychological distress". Journal for the Scientific Study of Religion, 29(2): 236-245.

Russell, R. A. Concept of Adjustment to Disability: An Overview, Rehabilitation Literature, Vol.42, No.11-12.

Scharf, Betty R. (1970). The Sociological Study of Religion. New York: John Wiley & Sons.

Schubert, D. S. P., Burns, R., Paras, W., & Sioson, E. (1992). Increase of medical hospital lenght of stay by depression in stroke and amputation patients. Psychotherapy and Psychosomatics, 57, 61-66.

Sergio, E. S., Robinson, R. G. (1989). Affective Disorders and Cerebral Vascular Disease. British Journal of Psychiatry, 154, 170-182.

Shadish, W. R., Hickman, D., & Arrick, M. C. (1981). Psychological problems of spinal cord injury patients: Emotional distress as a function of time and locus of control. Journal of Consulting and Clinical Psychology, 49, 297.

Shontz, F. C. (1978). Psychological Adjustment to Physical Disability: Trendsand Theories, Ach. Phys. Med. Rehabil., 59.

Shrum, W. (1980). Religion and Marital instability. Unpublished masters thesis, Department of Sociology, Brinham Young University.

Spanier, G. B. (1976). "Measuring dyadic adjustment: new scale for assessing the quality of marriage and similar dyads". Journal of Marriage and the Family, 38: 15-28.

Spanier, G. B. & Lewis, R. A. (1980). Marital Quality: A Review of the Seventies, Journal of Marriage and the Family, Vol.42, No.4, pp.825-839.

Spilka, B. and G. Schmidt(1983). "General attribution theory for the psychology of religion: the influence of event character on attributions to God". Journal for the Scientific Study of Religion, 22: 326-339.

Spreitzer, E. & Snyder, E. (1974). Correlates of life satisfaction among the aged, Journal of Gerontology, 29, 454-458.

Stambrook, M., MacBeath, S., Moore, A. D., Peters, L. C., Zubek E. & Friesen, I. C. (1991). Social Role Functioning Following Spinal Cord Injury, International Medical Society of Paraplegia, Vol.29.

Stewart, S. P. & Gale, J. E. (1994). On Hallowed ground: Marital therapy with couples on the religious right. Journal of Systemic

Therapies, 13, 16-25.

Stryker, R. (1977). Rehabilitative Aspect of Acute and Chronic Nursing Care, Philadelphia: W.B. Saunders Company.

Stubbins, J. (1977). Social and Psychological Aspects of Disability, Texas: Pro-Ed, Inc.

Sullivan, W. P. (1993). "It helps me to be a whole person: the role of spirituality among the mentally challenged". Psychosocial Rehabilitation Journal, 16(3), 125-134.

Sullivan, W. P. (1994). A Long and Winding Road: The Process of Recovery from severe Mental Illness. Innovations & Research: In Clinical Services, Community Support and Rehabilitation, 3(3), 19-27.

Synder, J. C., Wilson, M. F. (1977). Element of Psychological Assessment. American Journal of Nursing, 2, 235-239.

Teal, J. C. & Athelston, G. T. (1975). Sexuality and Spinal Cord Injury: Some Psycho-social Considerations, Arch Phy Med Rehabil, Vol.56.

Trieschmann, R. B. (1980). Spinal cord injuries: Psychological, social and vocational adjustment, New York: Pergamon Press.

Trieschmann, R. B. (1981). Psycho-social issues for persons with spinal cord injuries. Paraplegia News, 35, 26-31.

Tucker, S. J. (1980). The Psychology of Spinal Cord Injury: Patient-Staff Interaction, Rehabilitation Literature, Vol.4, No.5-6.

Tuner, R. J., & McLean, A. D. (1989). Physical disability and psychological distress. Rehabilitation Psychology, 34, 225-242.

Vernon, Glenn M. (1962). Sociology of Religion. New York: McGraw-Hill: 117-118.

Weller, D. J., & Miller, I. P. M. (1977). Emotional reactions of patient, family and staff in acute-care period of spinal cord injury. Social

Work in Health Care, 2, 369-376; 3, 7-17.

Wheaton, Blair(1983). "Stress, Personal Coping Resources, and Psychiatric Symptoms: An Investigation of Interactive Models". Journal of Health and Social Behavior, 24, 208-229.

Wright, B. A. (1969). Physical disability: A psychological approach. New York: Harper & Low.

Zuckernan, D. M., S. V. Kasl, and A. M. Ostfeld(1984). "Psychological predictors of mortality among the elderly poor: the role of religion, well-being, and social contacts". American Journal of Epidemiology, 119: 710-723. Quoted in Kenneth I. Maton(1989). "The stress-buffering role of spiritual support: cross-sectional and prospective investigations". Journal for the Scientific Study of Religion, 28(3): 310-323.

부 록

<부록 1> 독립변수 간 상관관계

	공적 종교성	사적 종교성	주관적 종교성	개인적 동기	사회적 동기	장애수용	부부적응	스트레스	우 울
공적 종교성		0.502 0.000	0.613 0.000	0.583 0.000	0.365 0.000	0.396 0.000	0.320 0.002	-0.333 0.001	-0.247 0.013
사적 종교성			0.467 0.000	0.537 0.000	0.324 .0001	0.165 0.092	0.276 0.009	-0.184 0.069	-0.126 0.206
주관적 종교성				0.773 0.000	0.398 0.000	0.127 0.194	0.244 0.021	-0.146 0.152	-0.090 0.364
개인적 동기					0.457 0.000	0.101 0.317	0.135 0.215	-0.067 0.526	-0.024 0.815
사회적 동기						-0.064 0.518	0.180 0.093	-0.077 0.453	-0.044 0.662
장애수용							0.262 0.013	-0.551 0.000	-0.601 0.000
부부적응								-0.392 0.000	-0.339 0.001
스트레스									0.773 0.000
우 울									

<부록 2> 설문지

안녕하십니까?

　본 설문지는 중도에 장애를 갖게 되신 분들의 부부적응과 심리적 재활에 관한 연구를 위해 작성된 것입니다.
　복잡한 현대사회에서 중도장애인들의 출현은 증가하고 있으나 이를 위한 재활 서비스가 매우 부족한 실정입니다.
　이에 본 연구결과를 통해 중도장애인의 심리적 재활을 돕기 위한 정책적, 임상적 개입방안을 모색하고자 합니다.
　귀하의 개인적인 사항과 모든 질문에 대한 응답은 통계처리가 됨으로 절대로 다른 사람에게 알려질 염려가 없으며, 본 조사의 결과는 연구목적 이외에는 사용하지 않을 것입니다. 귀하의 솔직한 답변은 정확한 분석을 위해 더없이 중요한 일이오니 바쁘시더라도 잠시 시간을 내시어 다음의 질문들에 빠짐없이 솔직하게 답해주시면 감사하겠습니다.

　본 설문조사를 위해 소중한 시간을 내주신 것에 진심으로 감사드립니다.

　귀하의 건승과 발전을 기원합니다.

2002년 12월
이화여자대학교 대학원 사회복지학과 석말숙
☎ 018-590-5777

Ⅰ. 다음은 일반적 사항과 관련된 질문입니다.
해당되시는 곳 한 곳에만 Ⅴ표 해 주시기 바랍니다.

1. 귀하의 성별은?   __① 남   __② 여

2 . 귀하의 연령은?   만   __세

3. 귀하의 결혼상태는?

　__① 미혼   __② 기혼   __③ 이혼

　__④ 별거   __⑤ 사별   __⑥ 기타

4. 귀하의 최종학력은?(중퇴는 졸업에 포함)

　__① 무학   __② 초등학교 졸업   __③ 중학교 졸업

　__④ 고등학교 졸업   __⑤ 대학교 졸업   __⑥ 대학원 이상

5. 현재 귀하 가족의 월평균 소득은?(_________) 만 원

6. 현재 귀하의 장애 정도는?

　__① 스스로 일상생활이 거의 가능하다.

　__② 일상생활을 하기 위해서는 다른 사람들의 도움이 조금 필
　　요하다.

　__③ 종일 다른 사람의 도움이 없으면 일상생활이 어렵다.

7. 현재 귀하의 장애급수는?(_____급)

8. 귀하는 언제부터 장애를 가지게 되었습니까?( )년 (   ) 월

9. 일상생활에서 도움이 필요하실 때 가장 도움을 주는 사람은 누구
입니까?

　　__① 배우자　　　　__② 자녀　　　　__③ 친척
　　__④ 사회복지사　　__⑤ 종교단체　　__⑥ 간병인(유료, 무료)
　　__⑦ 장애인단체　　__⑧ 동사무소　　__⑨ 없다
　　__⑩ 기타(＿＿＿＿＿＿＿＿)

10. 귀하의 종교는?

　　__① 개신교　　　__② 가톨릭　　__③ 불교
　　__④ 무교　　　　__⑤ 기타(　　)

10-1. 배우자가 있으신 분만 응답해 주세요. 배우자의 종교는?

　　__① 개신교　　　__② 가톨릭　　__③ 불교
　　__④ 무교　　　　__⑤ 기타(　　)

11. 현재 귀하의 고용상태는?

　　__① 없음(일을 찾고 있는 것 포함)
　　__② 고용(상시 및 시간제)
　　__③ 자영업

Ⅱ. 다음의 설문내용은 기독교(개신교, 가톨릭)의 종교를
    가지신 분만 답해 주시기 바랍니다.

12. 귀하의 생각과 가장 가까운 곳에 ∨표 해주시기 바랍니다.

	문항 내용	매우 그렇다	그런 편이다	그렇지 않은 편이다	전혀 그렇지 않다
1	종교는 고난과 슬픔에 처해 있을 때 나에게 위안을 준다				
2	목사님, 신부님은 내 마음을 안정하는 데 도움을 준다				
3	내가 기도하는 목적은 행복하고 평온한 삶을 얻고자 하는 것이다				
4	교회에 속하면 여러 면에서 사회생활 하는 데 도움이 된다				
5	내가 혼자 하는 기도는 예배, 미사시간에 하는 기도만큼 많은 의미를 가진다				
6	나는 하나님(하느님)의 살아계심을 강하게 느낀다				
7	좋은 사람들을 사귈 수 있다는 점이 종교를 믿는 중요한 이유이다				
8	나는 아는 사람을 만나는 것이 좋아서 교회에 간다				
9	아플 때 교회 신자의 도움을 청할 수 있다는 사실은 나에게 아주 중요하다				

13. 귀하의 종교생활과 생각이 해당되는 문항에 ∨표 해 주시기 바랍니다.

	문항 내용	매우 그렇다	그런 편이다	그렇지 않 은 편이다	전혀 그렇 지 않다
1	나는 교회, 성당에 열심히 다닌다				
2	혼자 기도하는 시간을 자주 갖는다				
3	나는 종교모임이나 활동에 별로 시간을 투자하지 않는다				
4	나는 종교의 교리를 열심히 믿는다				
5	종교는 나에게 매우 필요하다				
6	나는 종교활동에 적극적으로 참여한다				
7	종교관련 서적들을 즐겨 읽지는 않는다				

14. 귀하는 얼마나 자주 교회 / 성당에 나가십니까?

　__① 매주 4회 이상　__② 매주 2-3회　　__③ 매주 1회

　__④ 매월 2-3회　　__⑤ 기 타

15. 귀하가 신앙을 가진 지는 얼마나 되셨습니까?(　　) 년

16. 신자가 되신 동기는 무엇입니까?(가장 중요한 것 하나만 표시해 주십시오.)

　__① 가족의 권유(유아영세 포함)

　__② 친구, 친척의 권유

　__③ 성직자, 수도자, 종교인 및 종교단체장의 권유

　__④ 매스컴의 영향

　__⑤ 종교활동에 참여하고 싶어서

　_⑥ 교회 / 성당이 가까워서
　_⑦ 종교의 신성함에 끌려서
　_⑧ 삶의 허무함을 체험했기에
　_⑨ 마음의 안정을 위해서
　_⑩ 영혼을 구하고자
　_⑪ 기타(구체적으로 써 주십시오): ___________________

17. 귀하의 신앙생활에 가장 도움이 되는 것은 무엇입니까?
　_① 매스컴(출판물, 영화, TV 등)
　_② 기도 / 묵상
　_③ 종교 모임 및 활동
　_④ 성직자, 수도자, 종교인과의 만남
　_⑤ 교리공부
　_⑥ 세미나, 피정, 강습회 등 참석
　_⑦ 성직자의 강론
　_⑧ 기타(구체적으로 써 주십시오): ___________________

Ⅲ. 다음의 설문내용은 장애에 대한 여러분의 생각과 관련된 사항입니다. 여러분이 경험하였던 내용과 가장 가까운 한 곳에 ∨표 해주십시오.

	문항 내용	매우 그렇다	그런 편이다	그저 그렇다	그렇지 않은 편이다	전혀 그렇지 않다
1	나는 나의 능력에 만족하고 내 장애로 인해서 너무 많이 괴로워하지 않는다					
2	장애를 입기는 했지만 내 인생은 충만하다					
3	보통 사람들은 할 수 있지만 나는 할 수 없는 일들은 모두 내 마음을 상하게 한다					
4	나의 다른 어떤 특징들보다도 내 장애 자체가 나에게 가장 큰 영향을 미친다					
5	장애가 없다면 누릴 수 있었을 사회적인 친분을 나의 장애 때문에 갖지 못한다					
6	내 장애 때문에 세상만사에 대해 다르게 생각하게 되었다					
7	신체적 외모나 능력보다는 그 사람이 인생을 어떻게 사느냐가 훨씬 더 중요하다					
8	정직성이나 일에 대한 의욕과 같은 개인적인 특징이 신체적 능력보다 훨씬 더 중요하다					
9	인생에는 신체적 외모보다 훨씬 더 중요한 것들이 많다					

Ⅳ. 다음의 설문내용은 여러분의 배우자적응과 관련된 사항입
    니다. 여러분이 경험하였던 내용과 가장 가까운 한 곳에
    ∨표 해주십시오.

결혼생활을 하다 보면 대부분의 부부들은 때때로 의견의 불일치를
보이기도 합니다. 귀하의 가정에서는 다음의 항목에 있어서 부부가
어느 정도의 일치가 이루어지고 있는지 해당되는 곳에 ∨표하여 주
십시오.

문항 내용	5 항상 일치한다	4 거의 일치한다	3 때때로 일치하지 않는다	2 자주 일치하지 않는다	1 거의 일치하지 않는다	0 항상 일치하지 않는다
1 가정의 금전관리						
2 여가 선용 및 취미						
3 종교 문제						
4 애정의 표현						
5 자녀 양육 및 교육						
6 성관계						
7 가치관						
8 생활습관이나 관습						
9 시댁이나 친정식구와의 관계						
10 중요하게 믿는 일이나 목표, 목적 등						
11 함께 보내는 시간의 양						
12 중요결정을 내리는 것 (자녀의 결혼문제, 주택문제 등)						
13 가사처리(집수리, 집 안 가꾸기, 잡다한 일들)						

※ 다음의 사항에 대해 귀하께서 평소에 느끼시는 정도를 해당하는 난에 ∨표 해주십시오.

	문항 내용	0 항상 그렇다	1 자주 그렇다	2 거의 자주 그렇다	3 가끔 그렇다	4 거의 그렇지 않다	5 전혀 그렇지 않다
14	귀하는 이혼이나 별거를 생각해 보았습니까						
15	귀하나 배우자는 다툰 후에 집을 나갑니까?						
16	귀하는 배우자와 결혼한 것에 대해 후회한 적이 있습니까?						
17	귀하는 배우자와 자주 다툽니까?						
18	귀하와 배우자는 서로의 신경을 자주 건드립니까?						
19	귀하는 배우자를 신뢰하십니까?						
20	대체로 귀하는 당신과 배우자 사이의 모든 일들이 잘되어간다고 생각하십니까?						
21	귀하는 배우자와의 성생활에 있어서 만족하십니까?						
22	귀하는 배우자와의 애정표현에 있어서 만족하십니까?						
23	귀하와 배우자는 외부의 취미활동에 함께 참여하십니까?						
24	귀하는 전반적인 결혼관계에서 행복하다고 생각하십니까?						

※ 귀하와 배우자 사이에는 다음과 같은 일들이 얼마나 자주 있었습니까?

	문항 내용	0 전혀 없다	1 한달에 한번 이하	2 한달에 한 두 번	3 일주일에 한 두 번	4 하루에 한 번	5 더 자주
25	직장일이나 가정일에 관하여 서로 상의하거나 격려한다						
26	흥분하지 않고 조용히 어떤 일을 의논한다						
27	함께 이야기를 나누며 웃는다						

Ⅴ. 다음은 귀하가 느끼고 있는 스트레스를 측정하기 위한 질
문입니다. 해당되는 곳에 Ⅴ표 해주십시오.

	문항 내용	아니오	예
1	무슨 일이 일어나든지 상관없이 포기하고 도망치고만 싶다		
2	성가시고 두렵다는 생각을 떨쳐버릴 수가 없다		
3	쉽게 좌절하지 않으며, 인생의 긍정적인 면을 본다		
4	남들과 쉽게 어울린다		
5	사소한 일에 걱정한다		
6	왠지 모르게 아프고, 호흡, 심장박동, 소화에 문제가 있다		
7	쉽게 긴장을 풀고, 재미있게 논다		
8	식욕이 왕성하다		
9	심장병, 위장병으로 치료받고 있다		
10	자신이나 누군가를 심하게 해치고 싶은 충동을 느낀다		
11	웃고, 즐겁고, 걱정이 없다		
12	차분하고, 삶의 기복에 마음을 두지 않는다		
13	활기 있게 다닌다		
14	대체로 생활에 만족한다		
15	혼자 틀어박히고 다른 사람을 피한다		
16	항상 눈치보며 조심스럽고 감정을 억누른다		
17	머리가 묵직하고, 허리／목이 아프고, 쓰러질 것 같고, 어지럽다		
18	성가신 장소에 가거나, 사람을 만나거나, 활동하는 것을 피한다		
19	몸이 건강하다		
20	보다 나은 생활에 대한 꿈과 포부가 있다		

Ⅵ. 다음 글을 읽고 최근에 귀하가 느끼게 되는 항목에 0에서
    3번 중 하나만 Ｖ표를 해 주십시오.

1. ⓪ 나는 슬프지 않다
   ① 나는 슬프다
   ② 나는 항상 슬프고 기운을 낼 수 없다
   ③ 나는 너무나 슬프고 불행해서 도저히 견딜 수 없다

2. ⓪ 나는 앞날에 대해서 별로 낙심하지 않는다
   ① 나는 앞날에 대해서 용기가 나지 않는다
   ② 나는 앞날에 대해서 기대할 것이 아무 것도 없다고 느낀다
   ③ 나의 앞날은 아주 절망적이고 나아질 가망이 없다고 느낀다

3. ⓪ 나는 실패자라고 느끼지 않는다
   ① 나는 보통 사람보다 더 많이 실패한 것 같다
   ② 내가 살아온 과거를 뒤돌아보면 실패투성이인 것 같다
   ③ 나는 인간으로서 완전한 실패자라고 느낀다

4. ⓪ 나는 전과 같이 일상생활에 만족하고 있다
   ① 나의 일상생활은 예전처럼 즐겁지 않다
   ② 나는 요즘에는 어떤 것에서도 별로 만족을 얻지 못한다
   ③ 나는 모든 것이 다 불만스럽고 싫증난다

5. ⓪ 나는 특별히 죄책감을 느끼지 않는다
   ① 나는 죄책감을 느낄 때가 많다

② 나는 죄책감을 느낄 때가 아주 많다

③ 나는 항상 죄책감에 시달리고 있다

6. ⓪ 나는 벌을 받고 있다고 느끼지 않는다

① 나는 어쩌면 벌을 받을지도 모른다는 느낌이 든다

② 나는 벌을 받을 것 같다

③ 나는 지금 벌을 받고 있다고 느낀다

7. ⓪ 나는 나 자신에게 실망하지 않는다

① 나는 나 자신에게 실망하고 있다

② 나는 나 자신에게 화가 난다

③ 나는 나 자신을 증오한다

8. ⓪ 내가 다른 사람보다 못한 것 같지는 않다

① 나는 나의 약점이나 실수에 대해서 나 자신을 탓하는 편이다

② 내가 한 일이 잘못되었을 때는 언제나 나를 탓한다

③ 일어나는 모든 나쁜 일들은 모두 내 탓이다

9. ⓪ 나는 자살 같은 것은 생각하지 않는다

① 나는 자살할 생각을 가끔 하지만 실제로 하지는 않을 것이다

② 자살하고 싶은 생각이 자주 든다

③ 나는 기회만 있으면 자살하겠다

10. ⓪ 나는 평소보다 더 울지는 않는다

① 나는 전보다 더 많이 운다

② 나는 요즈음 항상 운다

③ 나는 전에는 울고 싶을 때 울 수 있었지만 요즘은 울래야 울
기력조차 없다

11. ⓪ 나는 요즘 평소보다 더 짜증을 내는 편은 아니다
　　① 나는 전보다 더 쉽게 짜증이 나고 귀찮아진다
　　② 나는 요즘 항상 짜증을 내고 있다
　　③ 전에는 짜증스럽던 일이 요즘은 너무 지쳐서 짜증조차 나지
　　　않는다

12. ⓪ 나는 다른 사람들에 대한 관심을 잃지 않고 있다
　　① 나는 전보다 사람들에 대한 관심이 줄었다
　　② 나는 사람들에 대한 관심이 거의 없어졌다
　　③ 나는 사람들에 대한 관심이 완전히 없어졌다

13. ⓪ 나는 평소처럼 결정을 잘 내린다
　　① 나는 결정을 미루는 때가 전보다 더 많다
　　② 나는 전에 비해 결정을 내리는 데 더 큰 어려움을 느낀다
　　③ 나는 더이상 아무 결정도 내릴 수 없다

14. ⓪ 나는 전보다 내 모습이 나빠졌다고 느끼지 않는다
　　① 나는 매력 없어 보일까봐 걱정한다
　　② 나는 내 모습이 매력 없게 변해버린 것 같은 느낌이 든다
　　③ 나는 내가 추하게 보이는 것 같다

15. ⓪ 나는 전처럼 일을 할 수 있다
　　① 어떤 일을 시작하는 데 전보다 더 많은 노력이 든다
　　② 무슨 일이든 하려면 나 자신을 매우 심하게 채찍질해야만 한다
　　③ 나는 전혀 아무 일도 할 수가 없다

16. ⑩ 나는 평소처럼 잠을 잘 수 있다
 ① 나는 전에 만큼 잠을 자지는 못한다
 ② 나는 전보다 일찍 깨고 다시 잠들기 어렵다
 ③ 나는 평소보다 몇 시간이나 일찍 깨고 한번 깨면 다시 잠들
  수 없다

17. ⑩ 나는 평소보다 더 피곤하지는 않다
 ① 나는 전보다 더 쉽게 피곤해진다
 ② 나는 무엇을 해도 피곤해진다
 ③ 나는 너무나 피곤해서 아무 일도 할 수 없다.

18. ⑩ 내 식욕은 평소와 다름없다
 ① 나는 요즘 전보다 식욕이 좋지 않다
 ② 나는 요즘 식욕이 많이 없다
 ③ 요즘에는 전혀 식욕이 없다

19. ⑩ 요즘 체중이 별로 줄지 않았다
 ① 전보다 몸무게가 2kg가량 줄었다
 ② 전보다 몸무게가 5kg가량 줄었다
 ③ 전보다 몸무게가 7kg가량 줄었다

20. ⑩ 나는 건강에 대해 전보다 더 염려하고 있지는 않다
 ① 나는 여러 가지 통증, 소화불량, 변비 등과 같은 신체적인 문
  제로 걱정하고 있다
 ② 나는 건강이 너무 염려되어 다른 일은 생각하기 힘들다
 ③ 나는 건강이 너무 염려되어 다른 일은 아무 것도 생각할 수
  없다

21. ⓪ 나는 요즘 성(sex)에 대한 관심에 별다른 변화가 없다
    ① 나는 전보다 성(sex)에 대한 관심이 줄었다
    ② 나는 전보다 성(sex)에 대한 관심이 상당히 줄었다
    ③ 나는 성(sex)에 대한 관심을 완전히 잃었다

※ 끝까지 응답해 주셔서 감사합니다.

석말숙(石末淑)

▶ 학 력
경북대학교 사회과학대학 사회복지학과 졸업
이화여자대학교 일반대학원 문학석사(사회사업방법론전공)
State University of New York at Albany, School of Social Welfare (M.S.W.)
이화여자대학교 일반대학원 문학박사(임상사회복지전공)

▶ 경 력
한국장애인복지학회　총무위원
한국교회사회사업학회 서기
한국가족복지학회　　상임이사
천안시장애인종합복지관 / 일산종합사회복지관 운영위원
나사렛대학교 사회복지학부 조교수

▶ 연구논문
『치매노인 부양가족의 가족레질리언스(Family Resilience)증진을 위한 사
회복지서비스의 개선방안』(한국사회복지행정학회)
『아동기 학대적 경험이 자녀학대에 미치는 영향력에 관한 연구』(아동복지학회)
『여대생의 스트레스 대처방식의 차이에 관한 연구』(한국사회복지연구회)
『장애학생의 진로결정과 대학생활적응에 관한 연구』(두뇌한국 21 특수교육 교
육·연구단)
『장애대학생의 사회통합을 위한 지역주민의 인식조사연구』(두뇌한국 21
특수교육 교육·연구단)
『장애인의 심리적 재활과 의미요법』(한국교회사회사업학회)

▶ 저 서
『이혼가정 자녀를 위한 심리치료』(공역, 양서원)
『사회봉사론』(공저, 서현사)

중도지체장애인의 종교적 특성과 심리적 적응

- 초판 인쇄   2007년 6월 30일
- 초판 발행   2007년 6월 30일

- 지 은 이   석말숙
- 펴 낸 이   채종준
- 펴 낸 곳   한국학술정보㈜
    경기도 파주시 교하읍 문발리 526-2
    파주출판문화정보산업단지
    전화   031) 908-3181(대표) · 팩스   031) 908-3189
    홈페이지   http://www.kstudy.com
    e-mail(출판사업팀사업부)   publish@kstudy.com
- 등   록   제일산-115호(2000. 6. 19)
- 가   격   12,000원

ISBN   978-89-534-6821-4 93330 (Paper Book)
           978-89-534-6822-1 98330 (e-Book)